Tinta,
y un sh

Tinta, limón, sal
y un shot de tequila

Tinta, limón, sal
y un shot de tequila

Marcos A. Fernández Ruiz

Tinta, limón, sal
y un shot de tequila

Gracias a Gaby, Ari, Fernando, Blanquita, Coso y cositos, Héctor, Charly, Sue, Karlita, Naye, doña Lupita, Montse, Yarumi, Alain, Celene, Dania, Casto, Gabriel, Peter, Laura, Carlos, Jennyfer y Gloria. Gracias a todos ustedes por hacerme sentir como en mi propia casa en un país que no es el mío, aunque ahora sienta que lo sea, México lindo y querido. Seguro que se me quedan algunos nombres en el tintero, estoy convencido de ello, pero como entenderán, siempre hay algunas personas que son especiales y que sobresalen del resto, y tengo la obligación de hacerles saber con esta humilde y sincera dedicatoria, que siempre los llevaré en los más profundo de mi corazón. Este libro está dedicado a todos vosotros, que hicieron posible que ahora México sea mi segunda patria, está dedicado a todos los amigos que aguardan impacientes mi regreso a España, y como no, está dedicado a toda mi familia. Gracias, os amo, y como diría Luke Skywalker...

"...que la fuerza os acompañe"

A LA VUELTA DE LA ESQUINA

Ven aquí, que te voy a decir una cosa.
Quizás no sea lo que quieras escuchar.
Quizás a la mitad de este poema
de oírlo sientas la necesidad de parar,
aunque creo que si te lo acabas,
te puede ayudar a cambiar las cosas.

Mira, ahora no por favor.
No lo hagas tan cerca de la orilla.
Has sufrido demasiado hasta aquí
y demasiadas lágrimas
se han deslizado por tus mejillas.
Ahora no, que luego de tanto caminar
bajo un sol fiero y abrasador
ya casi has llegado a la playa
donde te podrás resguardar del sol
y descansar bajo la sombrilla.

Ahora que tienes lo difícil hecho,
vas, te paras y te plantas.
Ahora que, luego de tanto pelear,
tu cuerpo es incluso capaz
de soportar los fríos inviernos
sin la necesidad de usar una manta.
Ahora que, lo que parecía tan lejano,
lo tienes casi al alcance de tu mano,
vas, te paras y te plantas.

No, no entendiste nada de la vida
si esa está siendo tu actitud,
ya que, a todo lo malo que te pasó,
lo único que le puedes demostrar
es una efusiva y sincera gratitud.
No te pares ahorita a falta de medio paso,
tan cerquita de la recompensa y la plenitud.

Por favor, haz un último esfuerzo,
que por fin terminó lo perverso
y ya rendiste cuentas con el universo.
Así que suspira fuerte,
levántate y remonta el vuelo,
que ya terminaron los tiempos de duelo,
que dejaste atrás todo lo adverso,
que en el mero fango ya no estás inmerso,
que los tiempos de bonanza
están a la vuelta de la esquina
si haces caso de lo que dice este verso.

UNA SABROSA MANZANA

Es posible que nunca te lo hayan dicho
pero para eso yo estoy aquí bella dama,
para darte ese empujoncito
y que comiences bonito en la mañana.

Hoy todo saldrá bien
porque sabes cuando ser miel
y cuando ser el acero de la espada,
porque conoces el truco
para convertir lo amargo en dulce
como una experta maga.
Porque sí hermosa mujer,
porque estás los suficientemente curtida
como para que contigo no pueda nada.

Hoy todo va ha salir bien.
Porque te conozco,
porque sé del caparazón
que recubre tu corazón
y que está hecho a prueba de balas,
porque consigues lo que quieres
por la buenas o si hace falta
las consigues por las malas.
Porque sí querida princesa,
porque ya descubriste que en la vida
a veces tienes que ser tierna cenicienta
y otras, la despiadada y malvada villana.

Porque todo va a salir bien,
porque nada ni nadie te puede,
porque tienes la fuerza y las ganas,
porque sí, bella dama,
porque contigo ya pueden los dramas,
corre, vuela, baila, clama,
no detengas el paso querida mía
porque tus sueños están esperando
a que devores la vida a mordiscos
como si fuera una sabrosa manzana.

LOS TEMPLARIOS DE LA ERA DIGITAL

Los honestos son la "*kriptonita*"
de los que fingen ser héroes
pero se comportan como villanos,
son la definición exacta de *"buen samaritano"*,
no temen usar el puñal
para plantar cara a los tiranos,
y su conducta es la mejor que hay
para apoyar a amigos y hermanos.

Ser honesto una selva de cemento y hienas
no ayudará a hacer amigos ni a tener un mecenas,
no será plato dulce y sí de amargas penas,
pero cuando forjes lazos y amistades
te aseguro que serán de las buenas.

La honestidad es la virtud de mirar
a los ojos de otros sin titubear,
de disparar verdades sin miedo a balbucear,
de decirle al que respetas y amas
lo que no quiere escuchar,
y el escudo que te protegerá
ante los que te quieren hacer daño,
cuando herido de muerte y confundido,
al lado oscuro te quieran arrastrar.

Caminar por la vida siendo honesto
es el mejor somnífero que puedas tomar
antes de ir a la cama,
sin duda, el más sincero presente
para conquistar a una respetable dama,
el mejor cribado para quitar
a mentirosos e hipócritas del panorama,
comprobada es la eficacia para que en tu vida
no existan úlceras, ansiedades ni dramas.
Porque sí, porque la honestidad
es la esperanza que aún tiene el mundo,
para que, de la quimera de una sociedad justa,
no se extinga la llama.

El honesto es el valiente templario
de la era digital
y el primero en ser arrojado
a la hoguera de las redes,
el que siempre es repudiado por la plebe,
porque no vende su bandera
y no teme hacer lo que debe.

El que no encaja ni aunque quiera,
de cara afronta sus errores
y no se esconde en madriguera,
porque nunca renunciará recorrer
para defender lo justo y cierto
peligrosa carretera.
Bendito el que es mártir por ser honesto.
Bendito sea él, que lucha sin cuartel
contra ciegos, hienas y molinos de viento.

11

El honesto es el que le dice a su hijo
que la vida es aventura peligrosa,
el que le confiesa a su amada que la ama
pero que ya no siente las mariposas,
el que no esconde la mano luego de tirar la piedra,
el que sin caretas admite que simplemente...
se equivocó,
el que no busca excusas en lo ajeno
para evadir la derrota,
el que no le gusta dar rodeos
cuando el destino es el grano,
el artista que reconoce
que no lo hace por amor al arte
y sí por prestigio y dinero,
el escritor que admite que sus musas
son la fama y su ego,
y el astronauta que se sincera y confiesa
que no le importa los pasos de la humanidad
sino ser él quien camine sobre Marte el primero.

Seguramente la existencia del honesto
sea una dura penitencia solitaria,
pero prefiero vivir solo
que con personas falsas e innecesarias,
y es por ello que le imploro a Dios
que al día siguiente de este mundo mi partida,
tan solo los que de verdad me amaron,
vayan al cementerio a mi sepelio,
para presentarme sus respetos
con una última plegaria.

UNA CRUZ EN EL MAPA

A la orilla de su pelo llegué en un navío
que apenas se mantenía a flote.
Ya me había rendido
y me abandoné a mi suerte,
encerrado esperando mi muerte,
en un desordenado y sucio
camarote maloliente.

Mucho tiempo perdido estuve
entre tormentas y negrura,
buscando un norte
que acabara con mi amargura.
No sé si fue suerte o un capricho del destino,
el que me salvó de mi naufragio
llevándome a esa isla
de cuerpo femenino.

Me subí en el bote y desembarqué en la orilla,
lo que vieron mis ojos fue una maravilla,
ese día hice noche acampado en sus mejillas.
Al día siguiente salí a explorar sus secretos
y vi que era justo allí,
donde quería pasar mis últimos días.

Encontré una cueva con forma de boca
y en ella planté mi bandera,
hice de esa maravilla natural el refugio
donde de nuevo encender mi hoguera,
y a los pocos días de llegar
mis miedos se fueron,
junto con la desidia y las ojeras.

Esa isla tenía todo lo que necesitaba,
un oasis de paz en eterna primavera,
con un lago donde bañarme
en forma de cadera,
y ese sugerente olor que llegaba del sur
a sal marinera.

Bendita esta isla que me salvó de morir ahogado
en las tormentas del dolor pasado,
bendito sea siempre el día,
que cuando creí que me hundía,
ella salió de la nada
para convertirse en la cruz en el mapa que indicaba,
el lugar perfecto donde redimir mis pecados
y comenzar de nuevo con mis días.

HASTA LOS HUESOS

Que bonitos se ven los toros desde la barrera.
Todo el mundo sabe torear
cuando su pellejo no está en juego.
Claro, así cualquiera.
Es muy fácil criticar a los demás,
pero no es justo que lo hagas
cuando no sabes de la misa la mitad.

Para entender cómo funcionan las tormentas,
antes debes de haber estado en el ojo un huracán,
haber sufrido la cólera de sus vientos
en tu propio cuerpo,
entender el cómo y el porqué
del origen de dicho evento, y por supuesto,
haber salido de una pieza con la enseñanza
de cómo volver a escapar, si la furia de la naturaleza,
de nuevo te pilla en la noche lejos del campamento.

Cuando eso sea así, quizás, y solo quizás,
tendrás el derecho de explicarle a alguien
que anda en medio de una tormenta
cómo resguardarse y sobrevivir a su furia,
así que no critiques a nadie
sin antes no pasaste por algo
medianamente parecido a su penuria,
y si lo haces, por favor...
hazlo con la única intención de ayudar
para que a esa persona, hasta los huesos,
no le cale ni el frío ni la lluvia.

UN CAMPO DE BATALLA

La línea que separa la ambición
de la avaricia es muy fina
y no diferenciar entre ambas
es un peligro que siempre acecha.
Por eso es importante que no te pierdas
cuando persigas sueños en tu vida
en esa traicionera y densa neblina.

Ser ambicioso consiste en luchar
por lo que quieres centrando el foco
en tu persona, sin dañar a nadie,
con tesón, esfuerzo y disciplina.
Y ser avaricioso es lo mismo que ambicioso
pero importándote una mierda,
si para conseguir lo que quieres,
vas dejando a personas en ruinas
pasándoles por encima,
y sembrando tras tu paso
un reguero de inocentes muertos
por todas las esquinas.

Así que ten cuidado,
porque el karma es despiadado,
y no todo vale para llegar a la cima,
ya que si la ambición es el motor de los sueños,
la avaricia es la gasolina con la que la maldad
aviva el fuego del odio y de la inquina,
y la culpable de que este paraíso donde vivimos,
en vez de un edén, sea un campo de batalla
lleno de trampas, de enemigos y de espinas.

QUIZÁS DIOS...

Quizás Dios es el que te regala la lluvia bendita,
pero solo tú podrás trabajar el huerto.
Quizás Dios sea el que sopla el viento para tus velas,
pero solo tú podrás dirigir el timón
para llevar el barco a buen puerto.
Quizás Dios sea tu inspiración,
pero solo tú podrás escribir la historia.
Quizás Dios sea el que puso en tu mano la espada,
pero solo tú la podrás usar en la batalla.
Quizás Dios sea el que te da el primer empujón del día,
pero solo tú serás el que nunca detendrá el paso
llenando cada rincón de esperanza y alegría.
Quizás Dios sea el que te dio la cuerda,
pero solo tú podrás salir del agujero.
Quizás Dios sea tu guía y consejero,
pero solo tú podrás difundir mensajes de paz
para ser su fiel y eficiente cartero.
Quizás Dios sea el que te muestra el camino,
pero solo tú lo podrás transitar siendo puro amor
sin sucumbir a la tentación de ser mezquino.
Quizás Dios sea el sendero y tú el peregrino,
pero solo tus pies te llevarán al destino.
Quizás en tu corazón sea Dios el inquilino,
pero solo tú podrás vivir la vida sin ser un cretino.
Quizás Dios sea para tu alma la gasolina,
pero solo tú podrás hacer de tus abrazos pura medicina.
Quizás Dios nunca obró milagros en la tierra,
pero para eso estás tú aquí,
para ser el Dios terrenal que usa su palabra
para hacer el amor y no la guerra.

POR LA PRIMERA SALIDA

Mantener la llama del amor
en su máximo brillo y esplendor,
es muchas veces imposible,
porque aunque pongas toneladas de magia
y por conservar la pasión hagas lo indecible,
si la otra parte dice que hasta aquí se llegó,
que la llama siga viva no será posible.

El amor es un viaje para dos viajeros,
en el que si Dios quiere
se le irán uniendo los herederos.
No es una carrera y ninguno de los dos
tiene que llegar primero.
Así que cuando te enamores
usa tu fuego para avivar la llama,
pero empieza a dudar si ese calor
ya no es capaz de calentar la cama.

Pero oye, con esto no digo que andes desconfiando
y siempre esperando lo peor,
solo te digo que estés preparado,
porque todo puede pasar
cuando de por medio está el amor.
Y si tú pusiste tu vida para conservar la llama viva,
y lo único que obtuviste fue una profunda herida,
querido mío, agarra tus cosas enseguida,
no mires hacia atrás, aprende la lección
y pega un volantazo para salir de allí
como alma que lleva el diablo por la primera salida.

EN PLATO FRÍO

Puedes hacer dos cosas
con la rabia de aquella traición.
La venganza inmediata
sería el camino más sencillo,
descargar tu furia
sobre aquel estratega de doble cara
y clavarle hondo tus colmillos,
pero escúchame con atención
antes de cargar tu arma y apretar el gatillo.

Que un hermano, amigo o primo lejano,
te agarre el cuello cuando tú le ofreciste la mano,
es más común de lo que parece,
así que piensa lento y a largo plazo,
respira profundo y no te estreses,
y aplaca tu ira antes de cometer estupideces.

Si hay algo que me han enseñado los años,
es a parar mis pies cuando todo me empuja a correr,
a mover mis neuronas antes de mover un dedo,
y a usar el ancla de la paciencia
para estar bien sujeto al suelo.

Si lo haces así, las aguas volverán a su cauce,
tú habrás aprendido algo nuevo,
y verás cómo para tu sorpresa,
el tiempo no tardará en dar caza a su presa,
y tú sin hacer nada, tendrás ese sabroso plato
que se sirve frío encima de la mesa.

A la altura del traidor te pone la venganza,
vive con esa enseñanza,
y sigue con tu recto camino
sin perder la esperanza,
que el implacable reloj, a todo el que lo merece,
le terminará atravesando el corazón
usando su minutero como una afilada lanza.

LAZO ROSA AL VIENTO

Ya pasó, por fin terminó el infierno.
Por el camino perdiste el pelo,
un pecho y el brillo de la piel.
Es duro mirar al espejo
y ver que donde antes estaba,
ahora solo hay un relleno en el brasier.

No fue ni Aries, ni Tauro, ni Géminis,
el culpable fue el que le sigue,
una sorpresa fue la frase del doctor cuando te dijo
"...*cuidado, que la muerte te persigue*"
Pero ya pasó, por fin terminó el calvario,
gracias a que más que huevos
le echaste ovarios.
Y con pañuelo en cabeza y lazo rosa al viento,
venciste a la fecha de caducidad que el destino
había puesto en el calendario.

El hospital fue tu campo de batalla,
las gotas del veneno, tu guerrero más canalla,
la familia y amigos fueron la muralla,
y la fe, la fe… la aliada que nunca falla.
Donde otros no pudieron vencer,
tú encontraste un nuevo renacer,
más motivos para crecer,
lo que antes no apreciabas
ahora son momentos de placer,
Todo cambió el día de la victoria
cuando al fin tocaste la campana
para dar inicio a tu nuevo amanecer.

Y mientras el enemigo sigue ahí fuera,
acechando, amenazante, esperando su oportunidad,
tú por si acaso le das un descanso a tu ejército
con momentos de orgullo, de paz,
pero sobre todo, con momentos de felicidad.

EL REZO DEL POETA. PARTE I

Bendito eres entre los vivos
que estando muerto en vida
con el agua hasta el cuello ,
y luego de que la vida
cometiera contigo injusto atropello,
te diste la oportunidad
de ser compasivo con tus errores
para reconstruir tus cimientos,
usando la experiencia como cemento,
colocando renacido cada nuevo ladrillo
para hacer de tus ruinas
un imponente castillo,
convirtiendo la paz en tu perro lazarillo
y sacando de tu cabeza cualquier pensamiento
que impedía el resurgir de tu alma,
que impedía el resurgir de tu crecimiento.

Bienaventurado el que, aún conociendo los peligros,
se lanzó para luchar contra gigantes
y molinos de viento,
moldeando a personas con amor
regalando su propio aliento,
sin buscar gloria o fama en ningún momento,
y tan solo motivado por ser un mejor humano,
uno que defienda a los olvidados frente a los tiranos.
Amén por el que ayuda a la gente en las cuestas ha-
ciendo que parezcan terreno llano.

24

Bienaventurado el que sin prejuicios
de raza, ideología o sexo,
con decisión tendió su mano,
extirpando de la sociedad el tumor del mal
como un experto cirujano,
para ayudar al mundo sin importar
si son moros, negros o cristianos.

Gloria para el que superó los límites marcados
y no escuchó a pesimistas,
conformistas o malintencionados.
Gloria para el que no quiso depender
de la suerte y del azar de los dados.

Bendito el que sacó lo amargo de su vida
y lo hizo rico y salado,
y luchó con fiereza por lo imposible
para lograr con esfuerzo objetivos marcados,
retando a la lógica que dice
que el pobre nunca llegaría a ningún lado,
venciendo por el camino
a los envidiosos de egos inflados,
perseverando, avanzando,
bendito el que usó lo aprendido en el barrio
para poner en su sitio al malvado,
para dejar un mundo mejor,
para dejar un hermoso legado.

Tinta, limón, sal
y un shot de tequila

Bendita es la que enterró
al ogro de mano dura
y que escapó de las garras de la amargura,
plantando cara al que juró
que ella siempre sería suya
y venciendo con furia a ese primer amor
que la trataba como basura
y la obligaba en su cuadra a fingir ser feliz,
a no confesar la verdad con ningún desliz,
y a ocultar el daño y su silenciosa cicatriz.

Benditas las que ayudan a las que aún callan
y alientan a las invisibles
a denunciar su secreta clausura,
dando ejemplo para que vean
que sí que es posible acabar con la dictadura.
Benditas las que son la prueba viviente que demuestra
que se le puede torcer el brazo
a los que usan con las mujeres látigo y mazo
y vencer el miedo a su propia sepultura.
Benditas las que vencieron en la batalla.
Benditas las que pudieron con el canalla.
Benditas las valientes que traspasaron del silencio la raya.

Bienaventuradas las que gritaron
cuando el mundo las ordenó callar
y se quedaron en vez de huir
para sobre las indecisas poder influir.
Bienaventuradas las que arriesgaron su propia vida
para defender la grandeza y valía de las mujer
para que su honor nunca más se pueda prostituir.

Bienaventuradas las que afrontan los clichés
aún a riesgo de desaparecer,
hartas de ver como ellas suben peldaños de uno en uno,
mientras los hombres lo pueden hacer de tres en tres.
Bienaventuradas las que aprendieron a ser
y no siempre a obedecer.
Bienaventuradas las que vienen a sembrar la semilla
para el germinar de la mujer y su nuevo florecer.

Gloria para la madres que venden tacos en la esquina
mientras otros entran y salen de la cantina,
para que su hijo cumpla el sueño
de algún día estudiar medicina.
Gloria para la que madruga
y vende arepas y empanadas,
que creció bajo un techo de chapa,
disparos y una vida llena de cachetadas,
pero que sigue luchando sin cuartel,
a pesar de que vaya quedando demasiado lejos
ese sueño de ser la protagonista
de un cuento de hadas.

Gloria para la mesera que cría a sus hijos
con ridículas propinas,
soportando a borrachos, estúpidas
y limpiando vómitos en letrinas,
para que al final de la quincena,
no le sobre ni para comprar unas cortinas.

Gloria para las benditas cocineras
con tatuajes en cara y brazos
de aceite hirviendo
y que trabajan a cuarenta grados.
Gloria para las que sobreviven
entre humo, música de banda y guisados.

Gloria para los marineros
que aún con viento en contra, lo lograron.
Gloria para las que aún con manos quebradas,
siguen remando.
Gloria para ellas y ellos,
que a pesar del mundo,
incesantes e incansables,
siguen su angosto camino
y de sol a sol, inquebrantables,
siempre seguirán luchando.

UN PATO QUE HACE CUAC CUAC

Y mi marido me dice que por la noche,
nunca tengo ganas.
Suena el despertador, comienza la batalla,
sin ganitas de ná pero pego un salto de la cama.
Niños pa arriba, prisas, gritos,
el desayuno todo un drama,
preparo café pal grande,
el zumo pal chico
y leche pal de enmedio.
Luis los dientes, José Antonio...
que no se te olviden tus lentes,
y Andrés, bebete ya el zumo
que se le van los nutrientes.

Recojo la ropa que tendí ayer,
tacones, falda, pintalabios y venga a correr.
Venga pal colegio,
ruido, voces y en el coche locura y revuelo,
suelto a los niños en la escuela
y de camino pa trabajar
le llevo un poquito de puchero al abuelo.
Mi jefe encabronao, Pili con los cuernos en pie,
desayuno, me tomo otro café,
papeles pa arriba, papeles pa abajo,
hoy estoy hasta arriba de trabajo,
el teléfono no para,
Pepe el conserje, no sé qué coño le pasa hoy
que me mira con cara rara,
y mi marido me dice por la noche
que por qué no tengo ganas.

30

Salgo de la oficina y acerco a Pili a su casa,
el teléfono suena, mi cuñada...
que me dice que su hermana
la tiene hoy completamente desquiciada,
recojo a los niños de la escuela,
uno llorando, el otro peleando,
y el chico metiendome prisa
porque se está meando,
Hoy pa comer, filete de pollo empanao,
el grande enfadao,
el de enmedio cansao,
y el chico que dice que no quiere pollo,
que quiere comerse un helao,
recojo el fregao,
y me pongo a ordenar la casa,
que la tengo manga por hombro to desordenao.
Y mi marido me dice por la noche
que por qué nunca tengo ganas.

A correr otra vez...
uno pal karate, otro pal inglés,
y el de enmedio castigado
porque en el colegio la lió parda otra vez,
voy a la farmacia, luego al mercao
pa comprar fruta, carne y dos kilos de pescao.
Pierde aceite el coche,
me voy a llegar a Juan el mecánico.
antes de que se haga de noche.
Paso por el karate y por el inglés,
suena el teléfono,

otra vez es la pesá de mi cuñada,
que me dice que la Juani
la de la carnicería,
que está embarazada.
Lavadora, fregona,
aquí trapeando como una mona,
que no se me olvide que queda poco gas
y tengo que comprar una bombona.
José Antonio a estudiar,
Luis, llégate a la tienda por yerbabuena,
y Andrés...
devuélvele esta olla a nuestra vecina Macarena.

Son las siete, el chico llorando
y otra vez en la frente se me hincha la vena,
¡qué habré hecho yo dios mío
pa merecer esta condena!
José Antonio...
¡cuántas veces te he dicho
que cuando salgas del baño tires de la cadena!
Y mi marido me dice
que por qué por la noche nunca tengo ganas.

A doblar ropa, a preparar la cena,
mi marido llega a casa, besito, abrazo,
y en el trasero me pega un tortazo,
destapa la olla y a las albóndigas le echa un vistazo.
Vamos a comer, el grande con el teléfono,
el chico mareando el plato,
y el de enmedio haciendo "*cuac, cuac*" imitando a un pato.

El fregado lo recojo mañana,
que hoy no tengo ganas,
mi marido duchao, empijamao
y acostando a los niños,
que no se me olvide
que tengo que llamar a mi hermana.
Estoy cansada,
hoy no creo que vea otro capítulo
de la serie de la princesa Diana.
Toque de queda, fuera maquillaje,
duchita caliente, mi marido ya en la cama,
creo que ya se durmió,
creo que hoy no me preguntará
que por qué por las noches...
nunca tengo ganas.

UNA SONRISA EN LA YEMA

Una cosa es conocer los ingredientes,
y otra muy distinta,
saber usarlos para hacer de ellos
un manjar sin precedentes.

Todo el mundo sabe lo que es el amor,
la bondad, el perdón, la empatía,
son palabras que puedes buscar en el diccionario,
pero muy pocos conocerán el secreto culinario,
con el que el individuo que es sabio,
los combina en el momento justo
y en la cantidad exacta para cocinar con ellos,
un menú exquisito, abundante y solidario.

Así que añádele un poco de sal
a la vida del que perdió las ganas,
una pizca de azúcar a las noches
del que se pelea con la almohada,
y unos granitos de pimienta
a los días del que perdió la sazón
que le daban ritmo a su corazón
en las mañanas.

Todos podemos freír un huevo,
pero no todos tienen la habilidad
de dibujar una sonrisa en su yema,
con una nota junto al plato que diga…

Tranquila
que yo soy
el shot
de tequila
que está aquí
para que olvides
tus problemas

UNA ENEMIGA PREDECIBLE

En las noches de muchos
acecha la sombra de una inquisidora
que prende fuego a las almas que están en paz.
Astuta, persistente, es una espanta ovejas sagaz,
para que no las puedas contar
y todos la conocen
como la temida señora Ansiedad.

El susurro de sus reproches te roba el aire
y acelera tu corazón con historias de terror
que nunca llegarán a pasar.
Es implacable y para arruinar tu presente
utilizará todos tus miedos para hacerte dudar.

Su alimento son las cosas que pudieron haber sido,
los futuros llenos de imaginarias piedras en el camino
y las trampas que nunca encontraremos
para llegar al destino.
La adrenalina de nuestras crisis,
es el elixir de juventud con el que ella
llena su vaso de vino.

Pero no es invencible,
de hecho es una enemiga predecible.
Su talón de Aquiles es que su presa
tenga los pies anclados al presente,
se la puede vencer si es el aquí y el ahora
lo único que hay en nuestra mente...

... y queda despojada de todo su poder,
cuando del aire que entra en nuestro pecho,
somos conscientes.

Ese es el secreto para acabar con ella...
poquito a poco...
sin prisas...
respirando lentamente.

MORFINA PARA EL ALMA

Tiempo atrás, cuando los problemas y los planes que salen al revés fueron mis compañeros de viaje, hice de cada error que cometí, el látigo con el que flagelaba mi espalda a diario sin piedad. Luego, con el tiempo, descubrí que cada latigazo, que cada segundo que dediqué en arruinar mi vida con arrepentimiento y culpa, fue el verdadero error.

Hay personas que pueden tardar más o menos tiempo en aprender esta lección que nos da la vida, incluso los hay que nunca llegan a superar el pasado y viven en un constante estado de nostalgia negativa auto-destructiva. Cada uno tuvo su propio remedio para sanar, sacudirse el polvo y continuar con el camino, y yo en mi caso particular, encontré la paz cuando dejé de esconderme de mí mismo y le abrí la puerta de par en par a la palabra *"aceptación"*.

Comencé a aceptar todo lo que había pasado, sin cuestionar si fue justo o no, sin machacar mi mente con demonios pasados y futuros que pudieron haber sido. La aceptación fue la morfina que necesitaba mi alma por aquel entonces para apaciguar el dolor, mientras cosía mis heridas con el hilo de las segundas oportunidades.

Si consigues tener la suficiente entereza y fuerza como para aceptar que las cosas son como son y no como a ti te hubiera gustado que hubiesen sido, habrás dado uno de los pasos más importantes en lo que respecta a tu madurez emocional, y habrás logrado una de las cosas más complicadas a las que a día de hoy, puede aspirar un ser humano. La paz con uno mismo hagas lo que hagas, digan lo que digan y pase lo que pase.

A PIERNA SUELTA

"No hay una sola noche en la que pueda conciliar el sueño con facilidad". Esa fue la confesión de un chico de veinticinco años con el que tuve el gusto de hablar no hace demasiado. Me dijo que su trabajo era duro físicamente, que comía bien, no tomaba cafeína, no consumía alcohol, y que para finalizar el día se machacaba en el gimnasio casi a diario, y aún así, tardaba horas en poder dormir. Tengo que añadir que la tentación de recurrir a medicamentos o somníferos cada vez era más persistente, y eso le tenía muy preocupado.

Yo lo miré y me vi a mí mismo reflejado en un espejo veinte años atrás. Y le pregunté, *"Oye... ¿Qué es lo que te atormenta? ¿Qué es lo que tienes clavado en el alma que te está robando la paz?"* El chico me miró y agachó la cabeza. Y luego de un silencio bastante incómodo para él pero muy revelador para mí, alzó de nuevo su mirada y confesó que le había hecho daño a una persona que era muy importante para él y que estaba muy arrepentido. Obviamente ya se pueden imaginar cual fue el consejo que le dí a este joven.

¿Porque saben una cosa? Que ya puedes tener el trabajo más duro del mundo, o usar los ansiolíticos más potentes del mercado, o ser un experto en meditación para intentar dormir, que si no tienes la conciencia tranquila y tu alma en paz, me temo que nunca podrás dormir a pierna suelta. Yo sé perfectamente lo que tengo que hacer para encontrar la paz en mis noches pero desconozco qué es lo que tienes que hacer tú, pero sea lo que sea, si estás pasando por una situación parecida, hazlo ya, porque el tiempo es implacable, la vida son dos días y hay trenes que una vez que salen de la estación, lo hacen para no volver nunca.

DE DONDE SALEN LOS CHIQUILLOS

Tres días y mil suspiros
es el tiempo que se tarda
en mirarte desde ojos a tobillos,
eterno es en mi recuerdo
el día que te puse el anillo,
siglos duran los segundos
que no estoy contigo,
y el reloj se detiene cuando mis labios
van desde tu boca
hasta de donde salen los chiquillos.

No sé qué es lo que pasa
pero a tu lado todo es relativo,
el tiempo depende de ti
para caminar lento o deprisa,
cuando tú entras por la puerta
lo hace a toda prisa,
y cuando te vas atempera sus pasos,
y con su lentitud me hace sentir
que medio vacío siempre está el vaso.

No sé cómo explicar que mis primaveras
eran como inviernos antes de tu llegada,
jamás entenderé cómo hiciste para limpiar
las hojas que cubrían el verde de mi jardín
con tan solo una mirada,
menudo misterio el tuyo
cuando calientas sin quemar
con el fuego de tu llama.

De veras que no sé cómo conseguiste
que los inviernos se sintieran como verano,
desconozco por completo cómo averiguaste
cuales eran las teclas correctas
que había que tocar en mi piano,
no estoy seguro de si me tienes loco o confundido,
o posiblemente solo estoy locamente enamorado.

No lo sé, el tiempo contigo es caprichoso,
con tu ausencia es lento y doloroso,
junto a ti es fugaz, irrepetible, intenso,
pero a fin de cuentas, cada segundo a tu lado,
es un regalo del todopoderoso.

UNA CITA PENDIENTE

No voy a volver contigo.
Junto a ti empezó a hacer demasiado frío.
Te consentí hasta el infinito y más allá,
y fue justo más allá donde descubrí
que mis sospechas eran realidad.
Te prometo que dejarte atrás ha sido muy duro,
te quise más que a mí, te lo juro,
y echaré de menos tu aliento en mi cuello
cuando me decías "*te quiero*", te lo aseguro.

Pero me di cuenta de que yo solo era
una apuesta segura mientras esperabas
que apareciera otra mejor inversión,
fue fácil deducir y sacar esa conclusión,
tus ojos brillaban menos, habían perdido la pasión,
y tus miradas huidizas eran cariño mío,
toda una revelación.

Me convenciste de que tú eras mi princesa
y yo tu galán de Disney,
de que seríamos felices y comeríamos perdices,
pero todo era mentira,
sabes de sobra que me mentiste.
No creo que estés arrepentida
y ni mucho menos que estés herida,
no me vengas con mentiras
de que sin mí te sientes perdida,
no te hagas la mosquita muerta
negándome tu plan de huida.

Romper contigo no ha sido mi decisión, y aunque de tu boca salen *"disculpas"* y *"te quieros"*, tus ojos me están gritando que salga de aquí corriendo. Va ha ser doloroso dejarte atrás, pero no lo será tanto como los motivos que me has dado para tener que hacerlo. Ahora por favor, asúmelo y apártate de mi camino, que tengo una cita pendiente con todo el tiempo que perdí contigo.

NO TODO LO CURA EL TIEMPO

No, no es cierto, que todo lo cura el tiempo, porque hay heridas que aún cosidas con hilo de resignación, son cicatrices que siempre duelen, por muchas páginas que pases. Lo supe día que mi madre se marchó para ser desde arriba mi vigía, y aunque sé que desde el cielo ella en mis días malos me regala su energía, cuando miro mi cicatriz, no evitó pensarla como una dolorosa necrología.

Porque no todo lo cura el tiempo, ya que esa pérdida fue el fin de algo que nunca debió terminar, el punto y final de ese libro con el que tanto disfrutaste y la única piedra que fuiste incapaz de quitar del camino.

Porque hay heridas que son para siempre, un tatuaje en forma de cicatriz que nadie quiere tener, una canción de nana convertida en recuerdo y un abrazo tan puro y tierno, que ya desde el día en que ella te dejó, cada abrazo recibido, siempre te sabrá a poco.

No, no es cierto que todo lo cura el tiempo, que las penas con pan son menos penas, que hay dolores que pasan si en olvidar esa desdicha me concentro. No, eso no es cierto, que todo lo cura el tiempo, porque desear el olvido para la madre que nos parió por no querer sufrir su ausencia, es lo más vil y egoísta, es el octavo pecado capital que el diablo no osó escribir y el peor pensamiento para el arrepentido, que en lecho de muerte, aguarda al de la guadaña.

Porque hay huellas que no debemos borrar de la luna para no profanar la historia de la que hizo de sus brazos una cuna. Porque hay amarguras que estamos obligados a tragar y no endulzar con el azúcar del olvido, porque para ella fue un honor sacrificar su cuerpo con pechos caídos, estrías y ojeras, y es obligación vivir con su recuerdo, por mucho que su falta duela.

Porque no es cierto que todo lo cura el tiempo. Cómo olvidar a mi madre, que de niño me consintió como rico en un hogar de necesidad y pobreza, y por eso recordarla debo aunque escueza, y reclutar sus sabios consejos como leales guardianes de mi fortaleza, y proteger como montaña de oro sus canciones de cuna, aunque su legado siempre tenga que ir de la mano de la tristeza, y por eso a fuego desde el día de su partida tengo grabada en mi cabeza, esa famosa frase que reza, *"que mamá, tan solo hay una"*.

DE BLANCO Y ENCAJE

Afortunado soy de veras lo pienso,
porque tu llegada frenó al infierno mi descenso,
porque no tuve que rescatar a princesa de castillo,
ya que antaño yo era el indefenso
y ahora mi vida es sobresaliente y no suspenso,
y tú la parte más bonita del estribillo
de las canciones que juntos cantábamos,
cuando en el colegio,
nos conocimos siendo unos chiquillos.

La cruz y su dueño
es el guardián que clavado observa
la unión entre este redimido pecador
y su más bella sierva,
jurando lealtad y amor sin reservas,
bendecidos por el creador para que nuestra unión,
crezca fuerte como en primavera
lo hacen las hierbas.

En la salud y en la enfermedad,
en la riqueza y en la pobreza,
serás el árbol que yo protegeré siendo la corteza,
el plebeyo que te hará sentir como de la realeza,
en los tiempos amargos
prometo ser tu nata y tu fresa,
y que me parta un rayo
si tengo la osadía
de incumplir mis promesas.

Un *"sí quiero"* atrapado en mi pecho
por fin escapa libre para dejar satisfecho
a un servidor que ansía correr el velo,
para morder del amor el anzuelo,
besar a la princesa de blanco y encaje,
darnos la mano y continuar con el vuelo
para seguir con el viaje,
en el que será el cariño y el respeto
lo que usemos como único equipaje.

En el hogar del primer profeta
repican las campanas,
arroz, burbujas y lágrimas,
ilusionado estoy con la idea
de que algún día tú y yo
peinaremos canas,
despertar con tu olor cada mañana,
cantar juntos a nuestros hijos una nana,
yo seré tu gladiador y tú amor mío,
mi valiente espartana,
que vivan los novios gritan,
"que se besen, que se besen"
todo el mundo clama,
esta noche seremos uno en la cama,
yo seré tu siervo y tú,
de cada centímetro de mi cuerpo,
para la eternidad,
la dueña y ama.

NIÑOS DE CRISTAL

Niños de cristal y la generación de los mimados,
viven a una pantalla pegados,
valientes aventureros en juegos virtuales
que en guerras de mentira
evitan catástrofes globales,
pero que en la cruda realidad patalean malcriados
y de seguro serán, los que para el futuro mejorar,
los menos capacitados.

Los que crecen y maduran bajo el paraguas,
los no aleccionados en resistir
cuando hasta el cuello tengan las aguas,
los protegidos por ley
ante collejas y mano dura,
los que no sabrán esquivar
de los lobos con piel de cordero la mordedura,
los que crecen en la utopía
de que para tener, solo hay que pedir,
los expertos en inopia y fáciles de disuadir,
los que incapaces serán de forjar su propia armadura
y los nunca advertidos de que la vida no es rosa
y si dictadura.

El niño no se protege haciendo de él un vago consentido
porque el resultado será el contrario al pretendido,
ya que ir impidiendo que a cada paso se haga daño,
para que más fácil le resulte subir cada peldaño,
es una conducta con la que solo le harás más daño.

Los jóvenes de errores ortográficos
aún teniendo corrector,
esos que ni siquiera intuyen que llegará el día
en el que papá dejará de ser benefactor,
campan gorra al revés y pantalón caído,
exentos de sacrificio y esfuerzo,
creyendo que siempre vivirán en el nido.
Ojalá supieran temprano
que el trabajo duro y el amor
serían algunos de los valores
que harían de ellos unos dignos constructores
de un mundo futuro,
en el que el día de mañana,
no se cometieran los mismos errores.

Permitir que se caigan al piso
es obligación de padres y mayores,
porque huesos que quiebran por el roto
sueldan más fuerte y mejores,
protégelos con moderación
para que mejor sea su preparación,
déjalos que anden entre demonios
para que sean propios mentores,
y hazlos fuertes desde chiquitos
para que pasado mañana
nadie los haga sentir inferiores.

Protegerles claro que está bien,
pero también confiésales
que plagado el mundo está de calamidades,
déjalos que mamen de la teta
de tropiezos y dificultades,
y fórjalos contra envidia y hostilidades
para que así capaces sean de discernir
entre amigos de falsa bandera
y los de verdad reales.

Cierra tu paraguas de vez en cuando,
que el sol queme en su rostro,
que el gélido viento corte sus labios,
que el aguacero de la tormenta
le cale hasta los huesos,
y que aprendan temprano
que reyes magos y hadas...
solo existen en cuentos.

51

FALDA, PLUMAS Y TACONES

Si te pones falda corta es que vas provocando.
Si te maquillas un martes en la mañana
de coqueta te estás pasando.
Si te pones tacones para trabajar
es que pescar en río revuelto
es lo que estás buscando.
Si eres amable con los hombres
seguro que estás coqueteando.
Y podría seguir con muchos más ejemplos
de este tipo de críticas que de seguro,
a más de una le está pasando.

Estos chismes y cotilleos sobre ti
vienen tanto de hombres como de mujeres,
y hagas lo que hagas siempre habrá
alguien que critique cómo eres,
ya que este es el pan nuestro de cada día
en esta sociedad falsa, ignorante y vacía,
así que tranquila y no te alteres,
y sal a la calle vestida con plumas
si eso es lo que quieres,
aunque sea doloroso ver
que los más fieros ataques,
amiga mía, van a venir de algunos hombres,
pero en mayor medida
de entre ustedes las mujeres.

POBRE DIABLO

El peso del pasado, el miedo al futuro,
son los carceleros de una jaula
que para muchos se llama presente.
Qué triste para aquel que ni suelta, ni asume, ni fluye
y siempre va contra corriente.
¡Ay! qué desgracia para aquel
que sus miedos al *"qué será…"*
siempre tiene en mente.

No se puede vivir así,
seguro acabará como un demente.
Qué desdicha para el pobre diablo
que baila con los demonios del ayer
y en el aquí y ahora siempre está ausente.
¡Ay dios! apiádate de aquel
que al horror del mañana
siempre tiene latente.

Madre de dios ¡cuánto daría yo por explicarle
que no vivirá eternamente!
pero por desgracia solo le puedo desear suerte,
para que ojalá algún día tenga una epifanía
y descubra que vivir así
no es ni adecuado ni pertinente,
y de un paso más en la escalera de la sabiduría,
para que al fin pueda subir al escalón siguiente.

LOBOS CON PIEL DE AMIGO

¿Y ahora qué hago?
Nunca pensaste que te tendría
en la palma de mi mano.
Te comportaste como un perro
cuando yo fui un buen samaritano.

Podría cerrar el puño y aplastarte sin esfuerzo,
me podría limpiar la boca contigo
ahora que es el éxito lo que a diario
como por almuerzo.

Si hubiese sido otro
me hubiese dolido menos,
pero precisamente a ti
te consideraba un hermano,
y créeme cuando te digo
que estoy haciendo un esfuerzo
por no ser un maldito gusano
y no tratarte como tú a mí,
cuando me llevaste al matadero
como a un marrano.

Pero por suerte para ti
no soy de los que pagan con la misma moneda,
tranquilo que no voy a traspasar la línea roja
donde mis valores trazan la frontera,
ya me advirtió de esto mi difunta abuela,
cuando me dijo que tenía que ser
buen estudiante en el colegio
pero que sería la calle la mejor escuela.

Y no se equivocaba.
Ningún libro del colegio me ilustró
sobre los peligros de los lobos con piel de amigo,
ningún profesor me advirtió
de que llegaría el día,
donde en el rincón menos esperado
a mi peor enemigo hallaría.
¡Qué decepción me llevé contigo, madre mía!

Y ahora que eres tú el que está abajo y yo arriba,
solo espero que hayas aprendido la lección
y que te haya quedado claro que fue tu traición,
lo que hizo más fuerte a un león,
que dejaste con el alma rota
y con una profunda herida.

EL AZAR DE LOS DADOS

Ojalá te pudiera decir que todo va a salir bien, pero por desgracia hay asuntos que escapan de nuestra mano. Los dioses se aprovechan de ser los dueños del libre albedrío y de las carencias que tenemos como seres humanos, y es por ello que tenemos la obligación de estar prevenidos y preparados, por si no tenemos suerte cuando las deidades decidan nuestro futuro dejándolo en manos del azar de los dados.

Debes saber que cualquier casa se puede venir abajo si el terremoto es lo suficientemente fuerte, por muy robustos que sean sus cimientos y por muy bien construida que esté la casa. Y los mejores constructores cuentan desde el principio con esta posibilidad, aunque ello no les impide continuar con su afán de mejorar en sus técnicas, investigar nuevos materiales para usar, explorar nuevos diseños, innovar, progresar en sus conocimientos, aunque el día de mañana su obra pueda ser derrumbada por los caprichos del destino.

Lo importante, como todo en la vida, no es la construcción en si misma, sino todo lo que se aprende mientras la construimos, para que, si los dioses deciden convertirla en escombros, puedas empezar una nueva casa con más conocimientos, usando unos materiales más robustos, y mejorando todos los puntos débiles que provocaron que esa obra no soportara los caprichosos vaivenes de una vida, que a veces puede ser, terriblemente inestable y cambiante. Y este conocimiento, esta actitud, es precisamente lo que marca la diferencia entre los que durante toda su vida solo sabrán diseñar casas de paja, o los que terminarán sus días erigiendo majestuosas y colosales pirámides.

UN NUEVO RETO

La ciencia dice que el tiempo pasa siempre igual,
que lo hace al mismo ritmo de forma lineal,
pero eso no es cierto, eso es completamente irreal.

Te puedo asegurar, y sé de lo que hablo,
que a medida que te vas haciendo mayor
el tiempo pasa más deprisa,
la velocidad aumenta
y te acercas mucho más rápido
al temido filo de la cornisa.
Y esa es la epifanía que todos tenemos algunas vez,
y el descubrimiento que nos obliga a cambiar
prioridades y premisas.

El mundo delante de nuestros ojos
cambia por completo,
y te das cuenta de que lo que importa
es atesorar más momentos y menos objetos,
que para ralentizar el paso del reloj
no quedarse quieto es uno de los secretos,
y por supuesto...
desempolvar viejos anhelos y sueños
para hacer de ellos un nuevo reto.
Es así como yo descubrí
el camino para vivir más en menos tiempo,
te lo prometo.

Y desde ese descubrimiento,
exprimo hasta el último segundo
para rellenar todos esos huecos
que llevaban demasiado tiempo incompletos,
y aunque más rápido me acerco cada día
al filo de la cornisa,
abrazo con amor y fuerza al tiempo
dándole el valor que se merece,
a cada bocanada de aire que tomo,
con mi más sincero respeto.

LA GUADAÑA

Oye, preciosa mía, que todas las flores son bellas,
pero no tanto como aquellas
que ya pasaron por las cuarenta primaveras,
y que ahora más que nunca,
por donde quiera que pasan van dejando huella.

Oye, preciosa mía, lo primero que te pido
es que perdones mi osadía.
Sé que es imposible plasmar con letras
toda tu belleza en una sola poesía,
pero déjame que lo intente por favor,
déjame que intente hacer realidad esa fantasía.

Escúchame bella flor,
que ahora floreces
después de haber sido marchita.
Sé que no es fácil que te llamen señora
cuando antes te llamaban señorita,
pero eso no quiere decir
que ahora seas menos bonita.
Para nada,
porque pocas flores como tú
resistieron sequías, tormentas y huracanes,
pocas como tú aguantaron inviernos, venenos
y el acecho de guadañas en manos de rufianes,
y aunque tu tallo y pétalos no lucen como antes,
tu poder de atracción ahora...
tiene la fuerza de mil imanes.

Tu apariencia frágil esconde tus fuertes raíces
y la gente que no sabe apreciar eso,
no entiende de belleza y no sabe lo que dice.
La belleza es algo mucho más sutil y profundo,
la belleza se encuentra en los detalles y matices,
así que no dejes que nadie con comentarios superficiales
te toque las narices.

Además, piensa en todo el sacrificio que tuviste que hacer
para que no te cortaran y te metieran en un ramo
donde todas las flores eran iguales.
Tenías bien claro desde pequeña tus ideales.
No fue fácil resistir a la presión de una sociedad
que intentó por todos los medios moldear tus modales,
y convertirte en una mujer más
que solo cocina, limpia y cambia pañales.

Por eso te digo que eres bella,
porque veo lo que hay por fuera
pero también veo todo lo que tienes dentro.
Por tu lucha, por tu valentía,
por no ser de nadie una plebeya,
por no permitir que las leyes que no están escritas,
en ti, en ningún momento, pudieran hacer mella.

LA GUARIDA

A veces son terceros, otras soy yo el primero
el que duda sobre lo que puedo hacer o no puedo,
y sin darme cuenta a mis sueños
les corto las alas y les pongo freno.

En ocasiones son los clichés baratos
los que traban mis pies con zancadillas,
los conformistas y cobardes son los que tratan
de apagar la luz de mi bombilla,
los que nunca llegarán a nada
son los que me animan para que baje los brazos,
los que se rindieron antes de luchar
son lo que me dicen que de nada sirve pelear
a puñetazos y codazos.
Todo el mundo se empeña en convencerme
de que soy uno más del montón
y que lo más prudente
es ver siempre medio vacío el vaso.

Pero me niego de plano.
Sé perfectamente de lo que soy capaz
y conozco mi valía como ser humano,
y no voy a parar de perseguir lo que quiero
mientras tenga sangre en las venas
y fuerza para mover mis pies y mis manos.

Porque mi vida es mi vida
y la voy a vivir con una intensidad desmedida,
aunque termine roto, desgastado y lleno de heridas.
Lo que nunca voy a hacer es dejar de intentar crecer,
y quedarme escondido en la oscuridad de mi guarida,
para reconocer una derrota sin ni siquiera
haber intentado ganar en la partida.

MALDITO ALZHEIMER

Nadie se puede imaginar lo duro que es
ver como se apaga la vela,
aunque no esté soplando el viento.
Ver como una madre o un padre olvida tu cara,
sin que puedas hacer nada,
eso, eso si que es un tormento.

Ese depredador que devora recuerdos
y consume historias en blanco y negro,
no tiene piedad alguna,
se lleva el pasado, se lleva posibles futuros,
se lleva las canciones de nana
que se cantaban al lado de las cunas,
porque no hay nada mas cruel
que robar el alma, robar la esencia,
robar la mayor de nuestras fortunas.

Maldito eres Alzheimer
que frente a la madre que me parió
y el padre que me forjó
ahora soy un desconocido.
Nunca te perdonaré que toda mi vida
para ellos haya caído en el olvido.

Y aunque ganes la guerra juro por dios
que hasta mi último aliento lucharé en la batalla,
no pienses ni por un segundo
que voy a tirar la toalla.
Me has robado a quienes más quiero y eso...
eso me convierte en tu enemigo más fiero y canalla.

Así que tú sigue a lo tuyo
que yo seguiré cuidando de los míos,
sigue en tu empeño de hacer de sus mentes
terreno incierto y sombrío,
pero quiero que sepas por qué a pesar de todo
cuando te miro a los ojos en tu cara me río.
¿Sabes por qué?

Pues porque tengo a buen recaudo
una copia exacta de los tesoros
que robaste de sus navíos,
y esos recuerdos no te los vas ha llevar porque esos...
esos recuerdos son exclusivamente míos,
y pasarán de generación a generación
para darte una maldita lección,
y para dejarte bien claro que nada puedes hacer
frente a la fuerza del amor
y su enorme y eterno poderío.

DEDO ACUSADOR

Ya no le necesitas, no. Tu amor propio te dejó sola y se fue dando un sonoro portazo. Y mira que bien que lo amabas, pero ya no estabas dispuesta a ser el tablero de juego donde solo él era quien tiraba los dados.

Ya no le necesitas, porque gracias a dios por fin conseguiste que tu cabeza y tu corazón, por primera vez en mucho tiempo, por fin se pusieran de acuerdo.

Y no estás enojada con él, al contrario, porque fue él quien con su furia te enseñó a sacar la uñas, porque fue él quien con su indiferencia te enseñó a quererte, porque fue él quien con sus ataques te enseñó a defenderte, porque fue él quien con su dedo acusador te indicó la dirección para escapar de ese laberinto en el que te perdiste hace mucho tiempo.

Porque no, porque ya no le necesitas, porque ya encontraste lo que junto a él ni siquiera sabías que habías perdido, la dignidad. Una dignidad que ahora va de tu mano a donde quiera que te lleve el nuevo camino.

EL CORRAL

Y ahí vas, dándole al que te envidia
más motivos para que lo haga aún más,
dándole al que te odia más razones
para que su sentimiento suba de intensidad,
dándole a tu enemigo una clase magistral
de cómo se puede vencer ante cualquier adversidad,
dándole al arrepentido,
por haber sido una piedra en tu camino,
más motivos para que se arrepienta mucho...
mucho más.

Y ahí sigues,
construyendo, creciendo,
dándolo todo, cabeza en alto,
orgulloso de ser la única oveja negra
que hay en el corral.

LA TELARAÑA

Despierta, abre los ojos, sal de la rueda,
y rompe el círculo vicioso.
Mira hacia el lado opuesto
al que te obligan a mirar
y no caigas en el engaño de los mentirosos.

Traje, corbata, discursos de cartón y hojalata,
así lucen los trileros que engañan al pueblo obrero,
controlando su vida y robando su plata.
Tu voto es la sangre que los mantiene vivos
como a las malditas garrapatas.

Los ladrones de guante blanco y promesas
que nunca llegan a ser nada más
que un trozo de papel mojado
encima de un atril o una mesa,
ya ni siquiera se esconden
cuando meten la mano en lo que no es suyo
para hacer que su billetera sea más gruesa.

Con una mano sacan un conejo de la chistera,
mientras que con la otra te roban la cartera,
con hipocresía frente a cámaras besan la bandera
mientras que en privado, con tus impuestos,
beben whisky de doce años, juegan al golf
y follan con rameras.

Tinta, limón, sal
y un shot de tequila

Despierta, abre los ojos, sal de la rueda.
No caigas en sus telarañas
y hazles saber que sus trucos de magia
ya a nadie engañan.

Así que si te dicen arriba, tú mira hacia abajo,
si te dicen a un lado, tu mira hacia el otro,
si te dicen *"no tengas miedo..."*, asústate,
y si te dicen *"cuidado, cuidado..."* tú tranquilo.
Ese, ese es el camino que hay que tomar
para acabar con esos cretinos,
y tomar poquito a poco y con sigilo,
el control de nuestro futuro y de nuestro destino.

LA GUARIDA DEL GIGANTE

Tienes unas manos duras como piedras,
unos ojos que desconfían,
un corazón con los pies en el suelo,
y es por todo ello que ya no es fácil
que ningún idiota
te engañe con ningún señuelo.

Porque el mentiroso curtió tu carácter,
el sabio te enseño a cuando debes callarte,
el interesado te dio la pluma
con la que trazar líneas rojas,
porque el primer desamor
te quitó la venda de los ojos
y ahora necesitas mucho más
que una promesa y un ramo de rosas,
porque ya no temes decir que NO,
porque ya te libraste del peso de esa losa.

Porque es curioso que el que se fue,
cuando tus días eran un naufragio
fuera tu mejor profesor de natación,
porque es llamativo que el que te abandonó
cuando andabas perdido, sin saberlo,
fuera el que marcó la cruz en el mapa,
porque ¿quién te hubiera dicho nunca
que sería el ladrón el que te demostrara
que no solo en los perros hay garrapatas?.
Hay que ver las cosas que uno tiene que ver
cuando fue el que quiso hundir tu barco,
el que te enseñara a luchar con la bravura de un pirata.

70

Tener un diploma en la pared, sin duda alguna,
es motivo de orgullo y da fe de que eres buen estudiante,
pero te aseguro que será la vida a base de palos,
la mejor forma de encontrar la guarida del gigante,
ese que te dará la fuerza para que, a pesar de los pesares,
tus pies siempre caminen hacia delante.

SILENCIO

Hoy te voy a contar un secreto, un secreto que quizás no cambie tu vida pero sí la de alguna que otra persona que amas. Hay momentos en la vida en los que tenemos que consolar, animar o apoyar a un ser querido cuando comete un error, cuando pasa una mala racha o simplemente, cuando tiene una crisis existencial.

Si bien es cierto que el poder reparador e influenciador de las palabras de apoyo, sabiamente utilizadas, pueden ser un bálsamo para esa persona en un momento determinado, existe un elemento que es incluso más importante que las palabras que salgan de tu boca. Si, así es, me estoy refiriendo a las que no salen, y para ser más exactos, estoy hablando del silencio. A simple y llanamente escuchar a esa persona, sin más, sin palabras de aliento, sin consejos, sin mentiras piadosas. Solo escuchar, compartir su carga, dejar que el peso de su frustración, de su problema o de su penuria recaiga también sobre tus hombros usando el silencio, haciéndole saber con ello que sus palabras son importantes para ti, sin interrumpir, sin corregir, sin reprochar, sin criticar, porque para eso, ya llegará el momento.

A veces saber escuchar y hacerle sentir a la otra parte con tu silencio que no está solo, que lo entiendes y que ahora ser juzgado es lo último que necesita, es muchísimo más sanador que el discurso más inspirador y poético del mejor orador del mundo.

PRIMERA LEY DE NEWTON

Está muy de moda en la actualidad esta ley seudo-científica de la ley de la atracción, que se basa en la creencia de que a través del pensamiento y en focalizar los mismos en algo que deseamos, tendrá el poder de influenciar sobre nuestro entorno y sobre la personas que nos rodean, de manera que aquello que visualicemos en nuestra mente, se pueda hacer realidad.

Pero esta ley viene de la mano de una cláusula de letra pequeña que a nadie le gusta leer. Me refiero en concreto a la primera ley de Newton, denominada *"Principio de la inercia"* y que se postula así:

"Que un cuerpo permanecerá en reposo
o en movimiento con una velocidad constante,
a menos que se le aplique una fuerza externa"

O dicho de otro modo, si quieres que algo cambie su estado, deberás hacerlo tú. Por lo tanto, si lo que piensas define lo que querrías ser o tener, será solo tu movimiento y acción lo que hará que aquello que quieres se pueda manifestar en tu vida.

Porque no es lo mismo vivir soñando que consigues tus sueños, que despertar a las seis de la mañana y trabajar duro como un cabrón para hacer posible que tus sueños se hagan realidad. Así que si quieres algo, ya sabes, ponte manos a la obra y mueve el culo. Todo lo demás que te cuenten, son gilipolleces.

NADA PENDIENTE

¿Ya se te olvidó?
Sí, ese día en el que me declaré culpable de amarte
y tú sin contemplaciones me clavaste
en el pecho un largo y afilado *"no"*.

Dejaste bien claro que yo no era suficiente
y que de tres cuadras de larga era la fila
que tenías de pretendientes.
Te has comido todo tipo de caramelos
y tu prioridad fue siempre que fueran altos,
guapos y con apariencia de modelo.

Pero tal y como te advirtieron
todos te han salido rana.
Lo único que querían
era meterse en tu cama.

Y ahora que a tu margarita
no le quedan pétalos que deshojar,
vuelves con lágrimas y una disculpa
que es de todo... menos de fiar.

Así que siento decirte
que al lugar del que nunca te debiste ir
llegas demasiado tarde,
y de nada sirven ya conmigo
los voluptuosos motivos
de los que siempre has hecho alarde.
Así que mira donde señala mi dedo,
da media vuelta y sigue de frente,
que tú y yo no tenemos nada pendiente.
Y por favor vete de aquí
porque ahora eres tú la que para mí,
ya no eres suficiente.

SOBRE DOS RUEDAS

Sentirse bendecido es más fácil de lo que crees.
Puede que pienses que dios te tiene manía
y que no formas parte del grupo de sus personas favoritas
porque te pasaron ciertas cosas
que te dañaron de forma fortuita,
pero escucha con atención
este consejo que deseo que valores como lección
y que te regalo con el corazón de forma gratuita.

Cuando sin ganas de nada te levantes al amanecer,
piensa en los que más jóvenes que tú,
se quedaron por el camino y ya no podrán disfrutar
de un hermoso atardecer.

Cuando te sientes a desayunar
y lo monótono inunde cada bocado,
piensa en los que nada tienen para comer
y su futuro es una carretera
que nunca llegará a ningún lado.

Cuando eches la llave al salir de casa
e indignado creas que por tu renta o préstamo
pagas demasiado,
piensa en los que viven en la calle como perros,
con el peso del frío, de la lluvia
y de una cruz que solo cargan los desamparados.

Cuando bajes las escaleras,
piensa en el que no puede usar sus piernas
y está condenado a vivir sobre dos ruedas.

Cuando mires al cielo
para clamar por tu mala suerte y mal fario,
acuérdate del ciego y la eterna oscuridad
que siempre verá en su escenario.

Cuando pienses que tus hijos
son demasiado traviesos o vagos,
no olvides a los padres que tienen que sobrevivir
con la maldición de ver partir antes de tiempo
a uno de sus vástagos.

Sentirse bendecido es más fácil de lo que piensas.
No busques la bendición de dios
solo en templos, en rezos o en creencias,
búscala también en las cosas más sencillas,
busca la bendición en cada milagro cotidiano,
como poder usar tus manos
para algo tan simple como atarse las zapatillas.

LA SOGA DE LA HORCA

Te juro que te quiero creer, de veras te lo digo,
pero es difícil creerte
cuando yo soy el que pone el amor
y tú solo te miras el ombligo.
Duele cuando me haces sentir inferior
y me tratas como si yo fuera tu enemigo.

No solo a ti te rompieron el corazón
porque a mí también me hicieron mucho daño.
Entiendo que no salgas del caparazón
creyendo que detrás de mi amor
habrá otro desengaño,
e incluso puedo llegar a entender el porqué
tu corazón se tornó duro como el estaño.

Pero cansa que creas que tu mundo
solo es el que importa,
cansa que me trates siempre
como si yo no hubiese conocido también
lo que es tener en el cuello la soga de la horca.

Desde el primer día
he querido ayudarte con tu peso,
ser el apoyo para que sanes
y que más corto sea el proceso,
ser la guarida donde te sientas segura
cuando te miro a los ojos y te beso,
pero está siendo complicado
que me abras tu puerta
para que a tus pesadillas me des acceso.

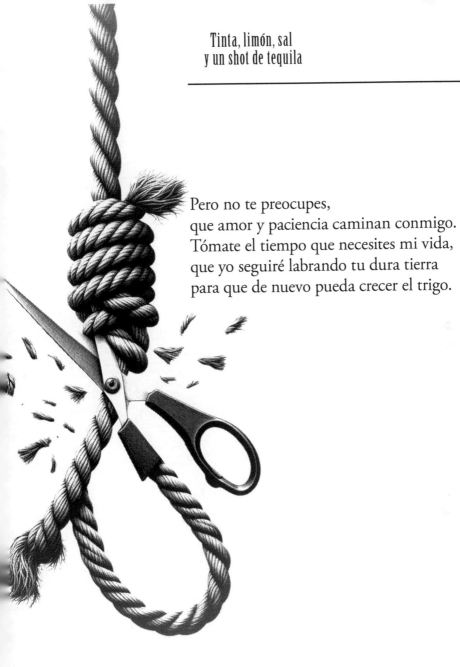

Pero no te preocupes,
que amor y paciencia caminan conmigo.
Tómate el tiempo que necesites mi vida,
que yo seguiré labrando tu dura tierra
para que de nuevo pueda crecer el trigo.

DIME CON QUIÉN ANDAS

No sé donde estás al momento de leer este texto pero, en mi tierra, hay un refrán que dice así, *"Dime con quién andas y te diré cómo eres"*. Y puede que en el pasado esta afirmación basada en las apariencias tuviera sentido para mí, pero en la actualidad, y luego de haber recorrido medio mundo, esta frase hecha que asevera que es posible saber cómo es una persona teniendo en cuenta su entorno social es completamente falsa, injusta y superficial.

Atesoro cuarenta y siete primaveras y tengo por amistades a moros y cristianos, agnósticos, heteros, gays y lesbianas, ex-alcohólicos, ex-presidiarios, ex-drogadictos, ricos y pobres, cultos y analfabetos, amantes del rock, de la música clásica o del reggetón, de derechas o de izquierdas, comunistas, anarquistas, o liberales.

Y luego de confesar esto, os tengo que admitir que ni siquiera yo mismo me conozco al completo. Así que, antes de juzgar a alguien por sus amistades, ten en cuenta una cosa. Que yo he conocido a multimillonarios con rastas y cuerpos tatuados que no gastan en perfumes caros, pero también a ladrones muertos de hambre que visten de Armani y que huelen a Chanel. Y me despido de ti con otro refrán que, en este caso, sí que es cierto, *"...que las apariencias, amigos míos, engañan... y mucho"*.

MI CULO EL PRIMERO

Cuando eres joven y atraviesas por ese momento, y por el que todos hemos pasado, en el que estás convencido de que ya aprendiste todo sobre lo que hay que saber sobre la vida, llega alguien de tu círculo cercano, y al cual creías conocer como la palma de tu mano, que te asesta una puñalada trapera por la espalda que cambia por completo las creencias y certezas que tenías sobre la idea de creer conocer a las personas. Por muy convencido que estés de que conoces en profundidad a alguien, no hagas tal afirmación hasta que no pases con dicha persona por uno de los supuestos que ahora mismo te voy a enumerar. Por una enfermedad, en un trabajo, por una herencia o por un divorcio.

Si no has vivido ninguna de las situaciones anteriores con esa persona que dices conocer a fondo, siento decirte amigo mío, que no tienes ni la más remota idea de lo que esa persona sería capaz de hacer cuando sus intereses estuviesen en juego y tú fueras esa piedra que se interpone en su camino.

Ten cuidado y sé precavido con las personas, sobre todo con aquellas que crees que jamás te van a fallar, porque por las buenas somos todos muy buenos pero por las malas, mi culo el primero. Porque como se suele decir, a las personas se las conoce *"...en las duras y en las maduras"*.

LA FIERA

Miradas esquivas, silencios eternos,
poemas tristes en tu cuaderno,
ya era hora de que dejarás atrás ese infierno.

Dar el paso y saltar al abismo de la soltería
no fue ni fácil ni poca tontería.
"¿Hoy llegará a casa demasiado borracho
y directo para dormir...
o vendrá con ganas de ponerme la mano encima
después de discutir?"
Qué bueno que con él
ya no tienes que jugar a esa lotería.

Bien sabe Dios lo duro que fue convivir
con el que frente a Cristo te dio el *"sí quiero"*,
solo tú sabes lo complicado que fue
tener que revestir tu corazón de acero,
pero ya pasó, la tormenta amainó
y el pasado forjó con lágrimas
tu corazón de guerrero,
ya no necesitas para protegerte
la espada de ningún caballero
y ahora ni por asomo te planteas
dejar de ser tú la prioridad
y siempre lo primero.

Que me alegro por ti mujer,
que harta de ser su limpiadora
su puta, su cocinera,
fuiste capaz de dar el paso
para ser una fiera.
Y el tiempo ya dirá, y la gente...
pues la gente que diga lo que quiera.

DE FIESTA CON SU NUERA

Ni se te ocurra, ni se te ocurra juzgarla,
porque su paciencia
es como el largo de su minifalda.
Que ahora con tres hijos y soltera
se dedique a disfrutar de la vida,
no quiere decir que ya no le duelan
los latigazos del pasado en la espalda.

Se ganó a base puños y codos
hacer con su vida lo que quiera,
ella no tiene la culpa de que su corazón
ahora sea de madera,
va donde quiere,
se escapa a la playa cuando puede,
y no le da vergüenza irse de fiesta con su nuera,
no pierdas el tiempo diciéndole que a su edad
ese traje tan corto no le pega.
La madurez llegó hace años a su vida
pero al contrario de lo que puedas pensar,
ella lo vive como una segunda primavera.

Disfruta de lo conseguido,
tiene hijos trabajadores
que sola como la una
educó con valores sin ser consentidos,
viaja, baila, entra, sale, pero jamás...
jamás dejará su hogar desatendido.

Se ganó el derecho de elegir
quien calienta su cama,
a perrear en antros
o a comportarse como una dama,
a ir a comprar el pan en tacones
o con chanclas y en pijama,
ella ya no quiere dramas,
así que no le toques la narices porque te quita...
rapidito del panorama.

UNA RELACIÓN PERFECTA

Amate, ámate tanto
que hasta tu propia alma
de ti se ponga celosa,
no necesitas el catorce de febrero
para que nadie te haga saber
que eres única, especial, maravillosa,
y cuando te regalen flores
no olvides que tú siempre serás
de cualquier ramo
la más valiosa rosa.

Quiérete, quiérete tanto
que hasta cuando tengas la opción
de estar con un hombre bueno,
noble, trabajador y perfecto,
eso para tu felicidad no sea necesario
y solo sea un complemento,
enamórate de tus virtudes,
cásate con tus sueños,
invita a la boda a tus defectos,
vete de luna de miel
con los buenos y los malos momentos,
vive sabiendo quien eres
y haz que el matrimonio con tu autoestima
sea romántico, pasional...
que sea un matrimonio perfecto.

Amate, quiérete, respétate
porque no hay compañero más fiel de viaje
que la seguridad en uno mismo,
el pasado ya te enseñó
y te dio todas las herramientas
para que puedas escapar de cualquier abismo.

Estoy muy orgulloso de ti
porque eres buena persona,
trabajadora, eres altruista,
pero lo más importante
es que has conseguido dominar
el difícil arte de no hacer daño
cuando eres egoísta.

HIJO EMIGRANTE

En el umbral de la puerta con la mirada fija,
una madre despide a su hijo con su alma afligida.
La necesidad se lleva al que creció bajo su regazo,
escuece ese último abrazo,
y en su corazón de ella, la distancia ya se anida.

"Ve, mi niño, busca el futuro entre extrañas tierras",
le susurra con amor, ocultando sus penas guerreras.
"Que no te falte el valor, ni la esperanza,
y en cada paso, recuerda siempre mis enseñanzas".

Las maletas cargadas de sueños y esperanzas
dejan un vacío en las casas, en las almas,
pero el amor de madre, fuerte y sin fronteras,
atraviesa mares, montañas e infranqueables barreras.

Las noches son largas, los días son eternos,
cada llamada es un tesoro,
un momento duro pero tierno.
Las madres, con sus manos laboriosas y sabias,
tejen oraciones para su hijo en país extraño,
rezan por su salud, ruegan para que no se haga daño.

"Vuela alto, hijo mío, pero no olvides tu nido...",
le dice al viento con un suspiro contenido,
"...que aunque lejos te encuentres y el trabajo te consuma,
siempre serás el niño que en mis brazos se acuna".

88

Y así, con la fuerza que solo una madre posee,
espera paciente a que el destino conceda
el regreso de un hijo que se fue a trabajar,
para agarrar de nuevo su mano y pasear,
como cuando de chiquito lo recogía...
en la puerta de la escuela.

EL ARTE DE SER PACIENTE

Parte de nuestra esencia se fue al garete
cuando la paciencia se fue a comprar tabaco.
La virtud de saber a aguardar
momento adecuado y lugar correcto,
partió de vacaciones sin nosotros
hacia un lugar paradisíaco.
Ahora para llegar más raudo al clímax en la vida
necesitamos usar un afrodisíaco,
observamos el minutero del reloj
como si fuera un ser demoníaco,
llegando a veces incluso a comportarnos
como verdaderos maníacos,
huyendo de la paz y el sosiego
como si fuera el jodido hombre del saco,
y ocultando la ansiedad
que nos produce hacer eso,
vendando nuestros ojos
con más y más fármacos.

Vivimos en la cultura de la inmediatez,
para ya lo queremos todo.
No queremos esperar un ápice
ni que en nuestro camino exista ningún recodo,
que nuestro culo ni por asomo
deje de sentirse cómodo,
que para lograr nuestras metas
espacios de espera no exista ningún periodo,
por no mencionar que muchos ya
no están dispuestos a ensuciar sus manos
con barro y con lodo.

Tinta, limón, sal
y un shot de tequila

La vida contemplativa
fue asesinada por la fibra óptica,
lo armónico y lento fue sustituido
por una existencia caótica,
lo eficiente y rápido ahora es más importante
que un café una buena plática,
tenemos demasiadas prisas
como para detener el paso
y explorar asuntos trascendentales en temática,
y dedicar un poco de tiempo en avanzar
usando la auto-crítica,
ser y estar de forma terapéutica,
dejar de correr y correr por un instante
y olvidarnos un poco de toda problemática
para liberar de vez en cuando al niño interior
y tener una experiencia mística y fantástica.

Ya no nos damos tiempo para oler las flores
en la vereda del camino,
sentarnos en el banco del parque
y mirar simplemente como vuela el estornino,
pasear plácido mientras mi interior examino,
dejar que el tiempo solo transcurra
mientras todo me importa un comino,
darle su sitio a la paciencia
cuando a la prisa doméstico y subordino,
planear no hacer planes
y detener de mi mente todo torbellino
para ser el que mientras camina,
conjuga los verbos del presente simple
a lo largo del camino.

La paciencia es el don divino
del que supo arar el huerto lentamente
para sembrar la tierra con semillas
de felicidad futura de forma paciente,
un agricultor calmado y sabio
que aprendió a no quemar su paladar
con un café demasiado caliente.

Atempera tus pasos y deja que el café
junto a tu ansiedad se enfríe,
permite en tu día ese pequeño momento
donde la vida solo te sonríe,
ya que si tienes paciencia
podrás saborear el café sin quemarte,
mientras observas cómo tus prisas
se esfuman por un instante,
y olvidas el reloj centrando tu tiempo
en lo verdaderamente importante.

UNA CORONA DE ESPINAS

Fuera de mi vida, envidia traicionera,
que la vida no es competición ni carrera,
culpa tuya es que mi bondad ardiera
en las llamas de tu hoguera

Largo de aquí, envidia malvada,
que por tu culpa es demasiado dura la almohada,
maldito ese día el de tu llegada,
no duermo porque anhelo lo ajeno de madrugada,
dominas mi mente con ideas malvadas
y asesinas mi equilibrio
con un mandoble de tu espada.

Por favor déjame tranquilo, envidia cochina,
no hagas de los logros de otros mi corona de espinas,
aléjate de mi y no pongas patas arriba mi vida,
que ya no encuentro mi buen juicio
por culpa de tu neblina.

Como te odio, envidia egoísta y astuta,
desde que me arrebataste mi batuta,
ambición enfermiza, peleas, disputas,
son el precio de tu peaje y minuta,
eres la guerra y yo tu servidor y necio recluta.

Envidia, la ladrona de amigos,
de hermanos y de buenas personas,
tu presencia todo ensucia y nada soluciona,
lo inquino y malvado en mi corazón evoluciona
y solo lo que no es mío me ilusiona.

Tinta, limón, sal
y un shot de tequila

Te imploro que abandones mi vida,
me cansé de ser tu escondite y guarida,
en mis sueños ya no tienes cabida,
ya no me da miedo tu embestida,
ahí tienes la puerta maldita engreída,
ven, dame tu mano...
que te acompaño a la salida.

¿Ya no estás? ¿Ya te fuiste?
¿Ya no puedes jugar con mis valores al despiste?
Eras la ramera que siempre
me hacía estar insatisfecho y triste,
pero al final te vencí ¿o qué creíste?
¿Que nunca me daría cuenta
de que eras un maldito quiste?

Por fin te fuiste, envidia mala,
no eras tan fuerte como hacías gala,
lo bueno regresó, tú eras el problema
y de lo peor siempre la antesala,
ya no soy el siervo envidioso
que deseaba lo ajeno por las buenas o por las malas.

Que te vaya bonito, maldita envidia,
orgulloso celebro sobre ti mi victoria,
y un fuerte abrazo te envío desde la concordia.
No te guardo rencor, así que rezaré por ti
para que Dios perdone tus pecados con justicia,
pero sobre todo, con su enorme misericordia.

NUEVE MESES

De una semilla afortunada,
el milagro de la vida se engendra desde la nada.
De entre millones, solo uno osó conquistar
el vientre sagrado de la fértil diosa
en una noche de fluidos y mariposas.

Y de la nada, el todo.
La naturaleza suma sus fuerzas,
resta lo que sobra, multiplica el amor
y divide un alma en dos,
cada vez más y más rápido,
y desde dentro, desde ese bendito momento,
se construye una nueva vida
dentro del cáliz creador de la diosa,
aquella que de la nada, en nueve meses,
gestará una obra maravillosa.

La perfección se abre el camino,
y creciendo como valle florido recién llovido,
va tomando forma lo divino.
El monte crece escuchando
la cuenta atrás del gregoriano
y la luz conquista el rostro de la creadora,
con pechos como biberones
y manos en forma de cuna,
para amamantar y mecer
a lo que de la nada,
luego será su todo.

La niña bonita del universo,
esa que fue la fruta prohibida
y que ya no se acuerda de Adán ni de la manzana,
escapó del paraíso para hacerle sombra
al mismísimo Dios y crear sus propios milagros.

Y la vida se abre camino en su vientre,
fatiga tras fatiga, antojo tras antojo,
vigilando y protegiendo su interior de reojo.
La diosa todo lo da, para que el milagro hecho carne,
de lo que resbala y dilata, pueda cruzar el umbral
y regalar vida a una nueva vida por el umbilical,
en una de las experiencias que solo las féminas
tendrán la fortuna de gozar, de experimentar,
de sentir y a veces, incluso de llorar.

La herramienta del creador sigue y sigue,
no cesa en su empeño de ser
siempre la que da y nunca la que quita,
y la única divinidad que para ser diosa
no necesitará de iglesias, de templos o mezquitas.

Y se abre, la mujer,
como rosa con el agua de mayo,
impaciente por mostrar su esplendor
y romper la presa que contiene las aguas.

Ya es la hora,
y aporreando la entrepierna de la fértil diosa
a las puertas llegó, en el noveno mes,
puntual como un novio primerizo,
la obra más maravillosa,
abriéndola en canal para traer algo que estará,
donde antes nada estuvo.

Y el grito de la diosa será su bautismo,
su primer abrazo, eterno,
y la grandeza de la mujer, sagrada.

Nueve meses, solo nueve meses necesita la diosa
para humillar al hombre depravado,
ese que ni en mil vidas logrará
lo que mujer fértil es capaz de crear
en su vientre sagrado.

Ella es la divina concepción,
la evidencia del cosmos que nos recuerda
que la perfección sí que existe,
una máquina que funciona con amor y gracia
para que todo siga el plan previsto,
un oasis existencial garante de vida eterna,
un ser que siempre será y siempre estará
por mucho que le pese al macho cabrío.

Porque ella fue, es y será la pre-cuela que todo humano necesita para ser el actor de su propia película y la dueña por decreto universal... del resto de nuestra historia.

EL ABRAZO DE MI ENEMIGO

Qué sentido tiene vivir sin el abrazo de tu enemigo,
sí, a ese que un día mirando mis ojos
y me mintió cuando dijo ser mi fiel amigo,
yo le estoy eternamente agradecido.
Gracias por alegrarte de mis desgracias,
gracias por tus consejos maliciosos,
gracias por querer de mi caída ser el testigo,
gracias por desear con toda tu alma
que yo acabara desahuciado cual pobre mendigo,
gracias a ese que en mi espalda clavo profundo puñal
para iniciarme en el noble arte de ser precavido
para que nadie más me pudiera engañar
e infligirme el mismo castigo.

Qué sería de mí sin el falso susurro
de ese que dijo ser mi camarada,
que con su traición quebró de la lealtad toda promesa
y mi confianza en las personas dejó castrada,
el que me hizo con sus artimañas y embustes
persona en desilusiones mejor preparada,
y el culpable de querer en mi vida
exclusivamente a personas nobles y honradas,
esas casi extintas, esas que te ayudan
a esquivar de los hostiles la pedrada.

"seré tu compañero..." me dijo un día,
proclamando a los cuatro vientos
que jamás la espalda me daría,
que fiel escudero sería en tiempos de rebeldía,
que en las duras y maduras
su incondicional apoyo siempre tendría,
pero cuando mi barco empezó a hacer aguas,
el primero fue en huir de mi naufragio
en acto de cobardía.

Porque, ¿qué aliciente tiene vivir sin el traidor
que con su vileza me enseñó a vigilar la retaguardia?
¿Qué sentido tiene existir sin el que me ilustró
sobre cómo vencer al rencor y ser con ellos
perdón y misericordia?
¿Qué sería de mí sin el que con su actitud
me enseñó sobre los peligros
de que mi alma fuera territorio de envidia?
¿Qué sería de mi vida sin el que a base de palos
hizo de mí un firme defensor de la paz
y la concordia?
¡Ay, qué sería de mí sin ese que me instruyó
contra víboras y cuervos
para estar siempre en guardia!.

Porque...
¿Cómo podría llegar a ser héroe de cuentos
si en la historia no hay villanos?
¿Cómo puedo abordar galeón
y rescatar a noble princesa
si malvados piratas no hubiese en el océano?
¿Cómo podría combatir el mal
si no existieran los malvados?
¿Cómo puedo ser libertador
si en el mundo no existieran los tiranos?

Así que cuídate del deshonesto y malo,
porque aunque son los mejores maestros,
ten cuidado con ellos porque en cuanto puedan
por detrás te intentarán meter
un enorme y reluciente falo.

Tinta, limón, sal
y un shot de tequila

CARTA A MI AMOR FUTURO

Redacto esta carta con el ánimo de advertirte
que te diriges a terreno escarpado,
y aunque mi intención es noble
y siempre contigo seré sensible,
no sé si para amar estás preparada
a un corazón tan dañado
y dispuesta estás junto a mí
a batallar contra demonios pasados.

Te escribo para decirte
que no me da miedo a amar
sino más bien ser amado,
que sufrí hasta el tuétano
la maldición del amor no correspondido,
que mi corazón tornó
receloso y desconfiado,
que no estoy seguro de estar preparado
para otra mano agarrar y de nuevo volar,
ya que si osas en mi vida entrar,
tendrás que calentar mi pecho helado,
más no será sencillo sino más bien complicado.

No será fácil ni mucho menos sencillo,
que antaño cerca de las venas de mis muñecas
rondó el cuchillo,
que de caro diamante no será el anillo,
pero será mi misión que en tus ojos
nunca se apague el brillo.

Quiero que sepas que no te bajaré la luna,
que dueño no soy de ninguna fortuna,
que tendrás que soportar de mi familia y vecinos
miradas de arriba a abajo,
que no te garantizo camino sin altibajos,
que algún día se me olvidarán las flores
el catorce de febrero,
pero mi palabra sí que te doy
de ser siempre un caballero
y en darte apoyo en las amarguras
ser siempre el primero.

No corras cuando sepas de mi pasado,
sé valiente y atrévete a mirar cara a cara al qué dirán,
porque yo ya libré esa batalla,
y ahora por el arco del triunfo
me paso que me llamen canalla,
y aunque en la contienda resulté herido,
de los chismes inventados
ya no me afecta el ruido.

No temas, pasa sin llamar,
futuro amor de mi vida,
ponte cómoda por favor,
pero sé sutil porque ya no quiero sufrir,
ámame sin dudas ni titubeos
porque yo eso jamás lo haré, ni lo toleraré,
por mucho que anhele ser de nuevo atravesado
por las flechas de Cupido,
y si no es así, mejor aléjate.

A mi futuro amor…
Si me respetas, te respetaré,
si me enseñas de nuevo a volar,
volaré contigo,
si eres mi guerrera,
yo seré tu espada inquebrantable,
si el veneno de las malas lenguas te hiere,
yo seré tu antídoto,
y si me acompañas,
te prometo que siempre estaré ahí
para allanar tu camino.

UNA BRÚJULA ENTRE LA BASURA

Déjame con mis miserias, déjame estar solo para que pueda revolcarme en mi basura. Lo necesito. Agradezco de corazón tus palabras de aliento, agradezco tu mano, agradezco tu compañía pero ahora, solo quiero estar en soledad para lamer mis heridas y castigarme sin piedad por esos errores que cometí.

Necesito sentir en cada centímetro de mi alma el arrepentimiento por aquel comportamiento inmaduro y estúpido, y ahora debo pagar el precio, y debo hacerlo solo. Es imprescindible que pase noches en vela con la única compañía de las lágrimas para empezar con mi renacer. Es fundamental que saboree la ausencia completa de mi autoestima si quiero algún día, poder echarla de menos. Es importante que conviva durante un tiempo con la desidia, la apatía y la falta de ganas de vivir, y odiarme el tiempo necesario hasta que mi auto-perdón llame de nuevo a mi puerta. Necesito ver como se seca mi jardín hasta que regrese de nuevo la primavera, que llegará, y mis flores volverán, pero ahora, déjame aprender en soledad.

Permíteme que pueda degustar todos los matices de este sabor amargo hasta vomitar, para que en el mañana, pueda valorar las cosas sencillas pero dulces que en el pasado ignoré, ya que por aquel entonces, enfermo de vanidad hasta los huesos, pensé que yo merecía mucho más que esas míseras migajas con las que se conforman los pobres. Gracias por tu mano, gracias por tu aliento, espérame tantito que ya regreso, aunque ahora haya perdido mi rumbo. Y no te preocupes por mí, porque así es como fabrico la brújula que usaré en el futuro para orientar mis pasos por si algún día, de nuevo me pierdo en el camino.

EL REZO DEL POETA. PARTE II

Amén por el que fue la piel que protegió al oso
que no permitió ser cazado,
por el que hizo de su apoyo,
la bocanada de aire
para el que, en un mar de dudas
casi estaba ahogado,
por el que hizo de la compresión y olvido
la absolución para el moribundo arrepentido,
por el que brilló y fue osa mayor
para el que, en árido desierto, estaba perdido,
por el que voló alto
y fue gaviota en el horizonte
para barco tocado y casi hundido,
por el que fue paloma blanca que, desafiante,
se posó en el campo de batalla,
Amén por el que usó la bondad y el perdón
para ser la redención que necesitaba el canalla.

Bienaventurado por el que camina y aprende,
la venganza es para él pasado y olvido,
con lo bueno está comprometido,
sigue firme y decidido en terreno movido,
el miedo ya no es su enemigo,
sus abrazos al dos por uno,
él aprende, camina y sigue, canta con su sonrisa,
cura penas y amarguras con la mirada,
con él, el jolgorio y la paz están garantizadas,
no miente, no daña, aún cree en los cuentos de hadas.
Bienaventurado el que es sinónimo de confianza,
bienaventurado el que nunca te hará nada.

Amén por el Dios que no camina por la aguas,
sin penitencia ni cruz que lo persiga,
sin el peso de los dogmas a la espalda.
Amén por el que es su propio Dios
y su propósito es hacer terrenal el paraíso,
sus milagros, la prueba que para recobrar la fe
necesitaba el indeciso,
cortar las malas hierbas del camino
para ayudar al novicio rezagado
es lo que siempre quiso.

Gloria para el que es Dios que todo lo puede,
talón de Aquiles de la maldad,
techo para el vagabundo,
patria para corazón exiliado,
un rayo de luz para el ciego,
la quinta sinfonía para el sordo.

El que aprende, camina y sigue,
su silencio, el azote del soberbio,
la paz, la guerrera que venció en sus batallas,
con propósito gigante, dejó atrás sus demonios
en el patio trasero de Dante,
porque él es su Dios, un mesías que no resucitó,
el amor, su más fiel predicador,
puro hielo en el infierno,
el templo... su cuerpo, la mente su... arma,
la fe... su escudo, gloria por el que nunca
tendrá que ser juzgado por el mal Karma.

Tinta, limón, sal
y un shot de tequila

Porque lo que quieres, lo puedes,
y serás lo que haces y no lo que dices,
el ejemplo que des será tu legado,
la certeza de que hiciste lo correcto,
lo único que te llevarás al otro lado,
solo una vida tendrás
para dejar al mundo maravillado
aunque para eso tengas que terminar
dolorido y magullado,
saca el sol en tus días por favor,
y deja atrás los tiempos nublados.

Porque caminas, aprendes y sigues,
no te vayas de aquí sin hacer los deberes,
sé la prueba para el hundido
de que sí que hay más opciones
y no subastes el amor al mejor postor
imponiendo condiciones.

Porque eres tu propio dios
y la más valiosa de tus posesiones
cuando llegue tu punto y final
será tener limpia la conciencia,
ya que aquí solo quedará tu esencia,
así que camina recto
por el sendero de lo correcto
para que en historias de hijos y nietos,
siempre quede algo de tu alma
y nunca se olviden de tu herencia.

COSAS DE FAMILIA

Dicen que la familia es lo primero.
Bueno, en ocasiones.
Yo conozco familias que se fueron al garete
por la lucha para heredar posesiones,
contiendas entre hermanos donde la sangre
sí que llegó al río cegados por envidias y ambiciones,
guerras donde el sentido común y el respeto
se fueron de vacaciones,
usando artimañas barrio bajeras
para provocar en el otro malas noches y ojeras,
llenando el corazón de padres y madres
de amarguras y penas,
al ver como sus hijos
se enfrentan como fieras,
lanzándose insultos como piedras
sin ningún tipo de contemplaciones,
y pasándose lo que significa ser familia
por el forro de los cojones.

Dicen que la familia es lo primero.
Bueno, a veces.
Ya que este cliché tan extendido
está lleno de matices,
porque en ocasiones es el que tiene la misma sangre
el que más te toca las narices,
así que cuando digas que la familia
debe ser la prioridad,
te aconsejo que no generalices.

Dicen que la familia es lo primero.
Bueno, no siempre.
Porque sé de algunas que se olvidaron de la sangre
cuando de por medio había bienes raíces,
siendo el veneno de las parejas tóxicas
las únicas directrices,
y utilizando toda la inquina necesaria
para matar del otro bando las perdices,
para que así, ya no pudieran ser felices.

Dicen que la familia es lo primero.
Bueno, yo no diría eso.
Porque he sido testigo de como algunas
tiraban por la borda felices recuerdos de infancia
anteponiendo sus egos por culpa del dinero,
enterrando con sus disputas bajo tierra
a la inocente palabra tolerancia
en un profundo y oscuro agujero,
y extendiendo entre ellos una insalvable distancia
en lo personal, en lo sentimental o en lo financiero.

Dicen que la familia es lo primero.
Bueno, depende.
Porque hay veces que los de la misma sangre
son imanes del mismo polo
que siempre se repelen
y nunca se comprenden,
y por mucho que lo intenten
entre ellos habrá situaciones
que imposible será que alguien las enmiende.

Dicen que la familia es lo primero.
Bueno, no sé yo.
Porque en las familias siempre habrá
quien a la más mínima discrepancia
sea el que la llama de la ira enciende,
y siempre habrá un familiar
que por cualquier tontería se ofende,
y siempre habrá un hermano que nunca aprende,
o una hermana que injustamente te reprende,
o un primo que con su desinterés por ayudar
la distancia entre vosotros por kilómetros extiende,
o un hijo que cuando le dices la verdad a la cara,
nunca lo admite y siempre se sorprende,
o ese familiar que en cuanto tiene una oportunidad
al mejor postor su lealtad por dinero vende.

Dicen que lo primero
son los padres, madres o hermanos,
pero ándate con ojo cuando lleguen las vacas flacas
porque quizás sea uno de ellos
el que desprevenido te agarre el cuello
y lo apriete furioso con ambas manos,
haciendo que recuerdo de una infancia feliz
se convierta en algo irrelevante y lejano.
Sé que es duro de escuchar y lo lamento,
pero lo más probable es que tarde o temprano
sea alguien de tu propia sangre
el que te la meta doblada por el ano.

Dicen que la familia es lo primero.
Bueno, me parece bien.
Pero empieza a dudar de esta afirmación
cuando empiecen a tratarte como a un marrano,
y el desengaño te cale hasta el mismísimo tuétano,
y descubras que la lealtad no corre por las venas,
que la lealtad no se demuestra en asados y verbenas,
que la lealtad se forja, nos guste o no...
en tiempos de escasez, de necesidad y de penas.

ENTRE LA ESPADA Y LA PARED

Entre la espada y la pared se esconden muchos secretos.
Posiblemente nunca te hayan confesado eso,
posiblemente el destino aún no haya sido contigo
un poco travieso,
y quizás por eso,
tu corazón y alma aún siguen ilesos,
pero he de decirte una cosa
y que ahora te confieso...

...que entre la espada y la pared
encontrarás a tu yo verdadero,
aquel que no conocías pero que será
tu nuevo y leal escudero,
quizás sea menos complaciente,
más egoísta y un poco más grosero,
pero te aseguro que será el mejor compañero
cuando caminando por el sendero
te encuentres en un peligroso atolladero.

Entre la espada y la pared se esconden muchos secretos.
Cuando estés amenazado por la afilada espada
todo lo que creías saber sobre ti quedará obsoleto,
la importancia de lo que sientes subirá
y bajará la de los objetos,
tus planes para el futuro cambiarán y además,
con ellos serás mucho más precavido y discreto,
y será el primer momento en tu vida
en el que realmente descubras quien eres
y a sentirte verdaderamente completo.

Entre la espada y la pared se esconden muchos secretos.
Cuando los descubras a tu yo anterior no habrá regreso.
Ese que creías que eras morirá para siempre en deceso.
El miedo a sucumbir ante un mandoble de la espada
y sentir por primera vez que tu historia se acaba,
te obligará a que, de las apariencias, dejes de ser un preso.
Entre la espada y la pared hallarás la alquimia
para convertir el miedo en fortaleza y progreso.
Te lo digo yo que pasé por ahí...
Te lo digo yo para que nadie te haga dudar de eso.

Entre la espada y la pared se esconden muchos secretos.
Hallarás lo que de veras importa y lo auténtico,
sin dudar quitarás las piedras que estorban
y con las relaciones serás más práctico,
los problemas que antes te parecían montañas
serán insignificantes y reirás de ellos sarcástico,
encontrarás a un gigante dormido
que tenía todo su poder contenido
y que hará de ti un ser fantástico,
un guerrero de la vida desconfiado y escéptico,
inmune a envidiosos, tóxicos y dramáticos.
Entre la espada y la pared encontrarás el pico y la pala
para enterrar todo lo inútil y estático.

Tinta, limón, sal
y un shot de tequila

Entre la espada y la pared encontrarás
a quien de verdad te ama,
y cristalina verás la diferencia
entre la que es interesada
o la que es una noble dama.
Encontrarás la inspiración para cambiar tu música
y reescribir el pentagrama,
hallarás la "X" en el mapa para salir del laberinto,
la fórmula para convertir el vinagre en vino tinto,
la facultad de diferenciar entre interesados y amigos
porque tuviste que agudizar tu instinto,
y el valor para salir de la rueda
sin miedo a probar lo diferente y lo distinto.

Cuando estés entre la espada y la pared
a olvidar lo superfluo te obligará el miedo,
tendrás el valor suficiente
para agarrar el toro por los cuernos
y saltar de nuevo al ruedo,
guardar las apariencias...
te aseguro que te importará un bledo.

Cuando estés entre la espada y la pared
sabrás quien es leal, quien es bueno o malo,
quien te ayudó o quien te quiso rematar con un palo.
Porque ¿sabes qué? Que solo los que escaparon
y salieron vivos de entre la espada y la pared
sabrán el verdadero significado de lo que es vivir
sintiéndose orgulloso, poderoso y realizado.

DESCANSA EN PAZ

Descansa en paz, tu día terminó
y ahora eres estrella fugaz,
nos dejas con incertidumbres y dudas
mientras tú ya sabes la verdad,
y oye, aunque creas que no, me alegro por ti
porque ya no necesitas ocultar nada
detrás de un antifaz.

Descansa en paz y vuela donde quieras,
para ti ya no existen fronteras,
los inviernos siempre serán primaveras,
te echaremos de menos eso es cierto,
es una pena que estés muerto,
pero me alegro de que tú
no puedas sentir mi pena.

Descansa en paz y suerte allá donde vayas,
ojalá me pudieras describir qué es lo que hay
después de cruzar la raya,
ojalá donde estés haya rico vino,
cerveza fría y lindas playas,
ojalá yo pudieras saborear la libertad que tienes
y descansar de mis batallas,
porque estoy cansado, muy cansado,
de luchar contra canallas.

Descansa en paz y ruega por mi alma,
envidio con rabia tu marcha pero sobre todo
que ahora solo sientas paz y calma.
Ya no estás y eso duele,
te vas de vacaciones para siempre y me dejas aquí
sin nadie que me consuele,
en un mundo lleno de miserias y armas,
condenado a ser algún día juzgado por el Karma.

Descansa en paz y disfruta en tu próximo destino,
dale un saludo de mi parte al divino,
te extraño, pero ese pensamiento no me hace daño,
porque más temprano que tarde
de nuestro amor de nuevo podremos hacer alarde,
cuando el de la guadaña decida
que más allá del azul de cielo
ya hay un hueco libre para un nuevo inquilino,
un hueco libre para que tú y yo de nuevo
seamos buenos vecinos,
para que otra vez tú y yo...
estemos juntos en el camino.

.

BRILLO EN LOS OJOS

Hoy te veo especialmente bien. Que bueno que le hiciste caso a los que te quieren y por fin dejaste de sacrificar tu amor propio para complacer a otras personas. De verdad que te sienta bien. Echaba de menos ese brillo en tus ojos y esa vitalidad en tu piel.

Te lo advertimos muchas veces, pero preferiste hacer feliz y complacer a otros que darte los caprichos y el tiempo que tu autoestima te estaba pidiendo a gritos. Te equivocaste, pero gracias a dios, ya te diste cuenta de que ese no era el camino. Porque... ¿Cómo podrías hacer feliz a los que te rodean si antes no eras feliz tú?

Me alegro, me alegro por ti, porque aprendiste una lección muy valiosa que espero que nunca olvides. Ahora, sal al mundo y cómetelo, que la vida son dos días y ya perdiste uno de ellos intentando complacer a interesados y egoístas que jamás se acordarán de ti cuando lleguen las vacas flacas.

QUERIDO PASADO

Querido pasado. Te redacto esta carta para primero, desearte que todo te vaya bonito. Sé que aún andas enojado conmigo, y lo entiendo, pero he necesitado tiempo para tener la humildad suficiente y escribir esta carta donde te pido perdón.

Querido pasado, quiero que sepas que he dejado de hablar mal de ti a tus espaldas y ya no te culpo de todo lo que pasó. Tú solo me hacías caso mientras caminabas junto a mí. Tuviste que soportar mis reproches cada vez que yo me equivocaba a la hora de elegir el camino que había que tomar, mientras además, hacía caso omiso de tus consejos cuando me advertías *"...cuidadito, cuidadito, que si tomas ese peligroso atajo... por el barranco te puedes despeñar"*.

Querido pasado, soy quien soy gracias a ti. Ahora entiendo tu enojo y el porqué de tu posterior silencio ante todos los errores que luego cometí. *"Déjalo que se equivoque..."* pensaste *"Que se caiga, que se levante, que aprenda..."* y yo eso no lo vi venir. Te prometo que solo podía pensar que tú me habías traicionado cuando me dejaste de advertir, y durante demasiado tiempo te he estado culpando de todos mis males del presente, de las noches sin dormir, de mis crisis de ansiedad, del porqué estoy aquí y no allí. Te he estado culpando por todo.

Pero ahora lo entiendo todo, querido pasado. Por favor, vuelve a mi casa que tengo un amplio dormitorio para ti, que quiero tomar café todas las mañanas contigo para darte las gracias a diario por lo que soy, por lo que tengo y por todo lo que he aprendido gracias a ti.

123

LAS ALAS QUE TE DI

Dejé de ser quien quería ser y fui lo que tú necesitabas que fuera. Asesiné un futuro lleno de victorias para acompañarte en la soledad de tus derrotas, y no me importó. La ambición tenía grandes planes para mi pero te amaba demasiado, y saqué de mis aspiraciones lo que podría haber sido, para quedarme con lo que ahora, insatisfecho y decepcionado, simplemente es.

Y cuando la confianza en ti misma regresó del destierro y ya no necesitaste el bastón de mis abrazos para apoyarte, se te olvidó todo lo que yo dejé de ser para que tú pudieras ser y tener lo que ahora eres y tienes. Si, así es, me dejaste en la mera estacada para convertirte en la protagonista de una historia donde yo, tan solo fui un actor de reparto, del que ni tú ni nadie, se acordará jamás.

Te amé, me usaste y te fuiste. Te di las alas con las que volaste de mi lado, pero lo volvería a hacer, no me arrepiento de nada, porque por aquel entonces te quería demasiado. Solo espero que tengas más suerte de la que yo tuve contigo cuando te enamores de veras, y no tengas que sentir el enorme vacío con el que me has dejado, aunque mucho me temo que algún día te llegará tu hora.

Porque ¿sabes qué?, que el Karma no perdona, que el Karma siempre hace su trabajo aunque a veces lo haga con demora. Suerte bella dama, porque la vas a necesitar cuando tengas que rendir cuentas y lo inevitable te pase por encima como una locomotora.

SI TE CAES, TE LEVANTAS...

"*Si te caes, te levantas, y si te vuelves a caer, te vuelves a levantar...*" y así hasta que consigas aquello que quieres. ¿Cuántas veces has escuchado esta expresión? Me imagino que muchas, y en parte estoy de acuerdo con esa consigna donde los fracasos se convierten en la mejor escuela posible. De hecho, admiro a ese tipo de personas que se caen una y otra vez, y tienen la suficiente fuerza y tesón para recuperarse de las caídas constantemente y volver mejor y más fuerte.

Pero si dejamos de lado los tópicos y analizamos esta frase en un sentido práctico, llegas a una conclusión que es indiscutible. ¿Y cuál es esa conclusión? Pues que esa afirmación de que se vuelve "*más fuerte y mejor*" no es del todo cierta, ya que los años no pasan el balde para nadie, y para nada se puede comparar fracasar por primera vez con veinticinco años que sumar tu enésimo fracaso ya pasados los cuarenta.

Y si tú eres uno de los afortunados que pasados los cuarenta, sigues teniendo esa constancia y espíritu de lucha (que yo no tengo) para sobreponerse una y otra vez de los múltiples fracasos, quiero darte un consejo.

Deberías desviar parte de esa energía que te sobra para levantarte de los fracasos y usarla para analizar honestamente, por qué demonios fracasas tanto. No vaya a ser que a estas alturas de tu vida aún no sepas que hay cosas que, por mucho que quieras y desees, no están hechas para ti, y no tengas la humildad suficiente como para quitar la misma piedra con la que siempre tropiezas en el camino. Dicho queda.

EL COLOR DE LAS CORTINAS

Yo voy siempre de frente, y lo sé...
sé que por ello cuando me juzgan
nunca me declaran inocente,
llámame loco, llámame imprudente,
pero no me gustan las mentiras,
me gusta ser transparente.

Quizás mis palabras te duelan
y pienses que soy un cretino,
un ser sin empatía,
un gilipollas mezquino,
pero cuando todos te mentían
fui el único que te dijo
que era imposible convertir el agua en vino.

Llamar a las cosas por su nombre
es un deporte altamente peligroso
y se puede confundir con ser vanidoso,
pero te prometo que nunca voy a alardear de una piel
si yo no fui el que cazó al oso.
Y sí, estoy de acuerdo contigo,
el camino que elegí es peligroso y sinuoso.

Tinta, limón, sal
y un shot de tequila

Si entras en mi casa lo que hay es lo que hay,
no aparento ser y lo políticamente correcto,
pues oigan, no combinaba con el color de las cortinas,
no tengo mentiras piadosas en las vitrinas,
si te duele el corazón te daré la verdad como medicina,
y si te equivocaste...
de la nevera no esperes un rico helado
y sí, una dura regañina.

La vida del honesto puede ser muy solitaria
pero también es un camino libre
de personas falsas y completamente innecesarias.
De hecho, poca gente me acompaña
en esta aventura donde yo soy el guerrero
y la mentira mi adversaria,
pero somos personas necesarias,
y si asumes que la verdad es el único camino,
mi casa puede ser para ti
la más confortable y la más hospitalaria.

EN EL CENTRO DE LA DIANA

Somos los de abajo, sí, los de abajo,
los que con sangre, sudor y lágrimas
le dan el poder a los del látigo.
Somos los prescindibles pero al mismo tiempo
para sus planes también somos necesarios,
a ellos les da igual si tenemos huevos o ovarios,
sobramos casi todos,
o eso es lo que dicen cuando en privado
planean del mundo el itinerario,
mientras se reparten el pastel
y el noventa y nueve por ciento de los honorarios.

Somos los de abajo, tratados como insectos,
como gusanos, como malditos escarabajos,
y bajo la falsa bandera constitucional y democrática,
usan la supuesta libertad
para hacernos esclavos de las deudas,
del dinero y del trabajo.
Cambios de sexo en niños,
igualdad, paz, concordia, cambio climático,
todo una sarta de mentiras
para hacernos creer que son empáticos.
El timón de este barco que se hunde
me temo que lo manejan unos malditos fanáticos.

Las balas cotizan en bolsa,
la sangre un negocio rentable,
la prensa sumisa y cobarde
son también culpables,
los hospitales para nuestros bolsillos

ya no son saludables,
el agua en botella
porque la de la madre tierra
ya no es potable,
caer en el vicio, la tentación y en lo fácil
es casi inevitable,
la paciencia se fue a por tabaco,
cada vez somos más como perro flaco,
y quieren que todo lo que veamos en el horizonte
se vea negro, incierto y opaco.

¿Qué nos está pasando dios mío?
Por el amor de dios, hagamos algo,
hagamos algo ya,
porque el tiempo juega en nuestra contra
y el fin del individuo independiente y libre pensador
está en el centro de la diana.
Por favor te pido que alces tu puño, tu voz,
sal a la calle y clama,
paremos esta locura y no echemos
más gasolina a las llamas,
detengamos este drama,
y si no lo haces por ti,
hazlo por hijos y nietos,
dejemos un legado para ellos sin plagas,
es necesario, vital, trascendental
que desmontemos sus planes
y acabemos de una vez por todas
con esta maldita trama.

CON LA MANO ABIERTA

No digas que era demasiado difícil
y no te mientas siendo contigo un embustero.
Sabes de sobra que no lo conseguiste
porque te faltó usar esa última gota
que se quedó en tu tintero.

Pero espera, no guardes tu ilusión en el trastero,
que ya te advertí que no sería fácil llegar el primero,
así que haz un esfuerzo y sacúdete el polvo,
¡y por el amor de dios!
deja de una maldita vez
de caminar mirando al suelo.

No te voy a dejar que bajes los brazos,
que yo estoy aquí para impedir
que muerdas el anzuelo del fracaso,
que no estás solo, que siempre te ayudaré
si la vida de nuevo con la mano abierta
te propina otro sonoro tortazo.

¡Me cachis en la mar, mira hacia arriba,
que a la segunda quizás sea a la vencida,
que tus manos ahora están más curtidas,
no subestimes la experiencia adquirida,
que el éxito que persigues en tu vida
mientras aún respires amig@ mí@,
siempre seguirá teniendo cabida!

PRINCESAS DE PELO EN PECHO

Yo sigo yendo con mi amigo el maricón
a tomar café sin ningún tipo de pudor.
El ya sabe que cuando dio el paso
y salió del ropero,
a riesgo de que lo llamaran hombre florero,
para mí se convirtió en un valiente gladiador.
Perfectamente consciente de que él
siempre será mi amigo el encantador,
prefiere sin duda alguna al que lo llama maricón
pero que jamás será con él un traidor,
prefiere al que va de frente
que a ese falso y políticamente correcto
que en vez de maricón le llama gay,
pero que entre bambalinas
pregona la homofobia cual cobarde predicador.

Obvio que prefiere al amigo que lo llama maricón
que al otro que no respeta la intimidad de su cama
y que falso como Judas, miente cuando jura,
que de los gays es un firme defensor.
Tiene claro como el agua que me prefiere a mí,
aunque cada vez que lo vea tenga que soportar
que en voz alta yo le diga maricón.

Si, por favor, démosle el crédito que merece
al maricón de infancia complicada,
a la princesa de pelo en pecho que le gustaría ser
la protagonista de un cuento de hadas,
al experto en superar miradas de reojo
y en el colegio las carcajadas,
al que curtió su carácter en la vida
soportando todo tipo de canalladas,
al que descubrió mucho antes que el hetero
lo complicado que es hacer amigos y en la vida
encontrar a un verdadero camarada.

El respeto no se encuentra entre usar la palabra gay
o la discriminada palabra maricón,
porque en una sociedad
en la que hasta respirar puede ofender a alguien,
los homosexuales han demostrado
que no necesitan que nadie los defienda.
El calvario que muchos tuvieron que soportar
para llegar a ser quienes son fue su mejor escuela,
se han ganado el derecho a pulso
de vestir si quieren con corbata,
con plumas o con lentejuelas,
crecieron con el miedo de ver a sus semejantes
ser los protagonistas de alguna que otra esquela,
y han luchado contra estereotipos y ahora son
futbolistas, bomberos o maestros de escuela.
Y oigan, son nuestros iguales...
por mucho que a algunos les duela.

Si tú, maricón, ese que me mostró
el verdadero significado de la palabra valentía,
sobreviviendo a padres criados en la posguerra
y que nunca dudó que este día llegaría,
ahora caminas cabeza en alto
para limpiar el honor del poeta
que fue enterrado en una cuneta,
aunque en el pasado para no ser fusilado
tuvieras que escapar y hacer las maletas,
aunque en el pasado fueras juzgado a diario
por dedos acusadores y miradas indiscretas,
cuando con los ojos clavados en el suelo
caminabas por el barrio para pasar la tarde
dando de comer, solo, a las palomas en la plazoleta.

Sí tú, maricón, a ti te digo esto,
que ojalá te hubiese conocido antes
para ver cómo al mundo le enseñaste
a ser fuerte ante groserías y palabras malsonantes,
para ver cómo luchaste contra los clichés baratos
de una ideología que por aquel entonces era la imperante,
para ver tu ausencia de miedo ante los retrógrados
y sus palabras hirientes y amenazantes.

Amigo mío, has pagado por ser como eres
un precio injusto y desorbitante,
pero rudo como mula y sutil como princesa
has fabricando con valentía un escudo
de amor propio que es indestructible,
has dejado atrás aquellos tiempos
donde tenías la obligación de ser invisible,
en los que, curado de espantos,
burlas y comportamientos aberrantes,
fuiste el ejemplo de superación
para que en la actualidad todo el que es maricón
pueda caminar orgulloso luciendo sus implantes,
o pueda sin miedos pasear por el parque
dado de la mano de su novio, de su esposo
o quien sabe... incluso de su amante.

EN BANCARROTA

Cada examen sorpresa lo aprobaste con nota,
la victoria final en tu dura batalla
la obtuviste luego de mil derrotas,
cada logro imposible que alcanzaste
fue porque de sudor usaste hasta la última gota.
Qué trabajito te costo tener lo que tienes
teniendo en cuenta que vienes
de una familia donde el frigorífico
casi siempre estaba en bancarrota.

Pero han pasado los años y ahora estás
donde muchos no imaginaron que podrías llegar,
tortuoso a veces fue el camino
y pesado y duro se hizo el caminar,
pero ha merecido la pena
que borraras de tu vocabulario
la palabra procrastinar.

"No dejes para mañana lo que puedas hacer hoy"
siempre fue tu lema para avanzar,
y no es fácil eso porque solo tú en tus adentros sabes
que hay días en los que no tienes ganas ni de trabajar,
ni de limpiar ni de cocinar,
pero oye, qué bueno que hoy
puedas hacer lo que te dé la real gana,
ya era hora de que pudieras disfrutar de la vida
porque no te falta ni tiempo ni lana.
De veras que estoy feliz por ti
ahora que eres dueña de tu destino
y de tu casa la reina soberana.

VINAGRE EN LAS VENAS

No sé qué hubiera pasado.
Que pena que éramos las personas correctas
pero en el momento equivocado.
Yo con unas ganas locas de amar y tú,
con tu corazón cumpliendo condena
en una cárcel llamada pasado.

A mi me sobraban ganas
y para que pasaras página fui la saliva en tu dedo
pero todo lo que hice te importó un bledo,
la posibilidad de que el siguiente capitulo de tu libro
fuera otra historia de terror te dio demasiado miedo.
Estoy seguro de que éramos almas gemelas,
pero tú también estabas segura
de que correr el riesgo no merecería la pena.

Yo quise ser tu abeja pero no quisiste ser mi colmena,
yo quise ser el mar pero tú
no estabas preparada para ser sirena,
yo quise ser Pinocho pero tú no fuiste mi ballena,
yo quise ser tu música pero tú no tenías ganas de verbenas,
yo te ofrecí ser tu sangre pero tú tenías vinagre en las venas.

Que pena, que pena que no entendiste
que yo era la segunda oportunidad que necesitabas
para romper cada eslabón de tu cadena,
y volver a brillar en las noches,
sin miedos, dudas o reproches,
como lo hace una luna llena.

PAPITO LINDO

Qué daría yo por volver a ser regañado
por el que sembró la semilla
y regaba la flor que germinaba dentro de mi madre
con besos en la mejilla.
Lo extraño en días de sol radiante
aunque de seguro mucho más
en las noches de tormenta y viento gélido
que corta como cuchilla,
hecho de menos al que moldeó
al niño caprichoso y llorón
con valores ahora extintos
como una figura de arcilla.
¡Cómo me gustaría tener de nuevo a mi vera
al valeroso guardián del secreto místico
de cómo se atan las zapatillas!

Qué daría yo por volver a escuchar de su boca
aquel *te lo dije* que chirriaban en mis oídos
y que ahora tanto extraño,
al de los castigos de arresto domiciliario
y tirón de patillas como justo regaño,
al que permitía de vez en cuando
que la vida me hiciese daño,
al que sin saber leer ni escribir
me enseñó a ser cauto ante los engaños,
instruyéndome como buen maestro
a usar mi instinto para no ser condicionado
por ningún tipo de rebaño.

Tinta, limón, sal
y un shot de tequila

Qué daría yo por volver a discutir con mi viejo
y ser derrotado por su pelo blanco,
arrugas y sabio consejo,
oír por enésima vez
historias de guerra civil y hambre
mientras entusiasmado al relatar
elevaba su entrecejo.
¡Cuánto daría yo por tener
al que desde pequeño me enseñó
que hay que sudar y trabajar duro
si alcanzar quería en mi vida objetivo complejo!

Qué daría yo por no ir a comprar flores
el día dos de cada noviembre
para visitar la morada de los del sueño eterno
y con lágrimas tener que revivir de nuevo
el triste día del aquel maldito infortunio,
para castigarme otra vez por todas las disculpas,
besos y abrazos que se quedaron en el tintero,
limpiando la lápida mientras lo extraño
y rellenando de agua el florero.

Mi padre, el primero en quitar de mi cara
las primeras pelusas como un maestro barbero,
el sargento que me obligaba a ayudar a mi madre
a lavar los platos en el fregadero,
mi mejor amigo de niño
para jugar a indios y vaqueros,
el que gritando groserías
me ilustró en el arte de nunca ser grosero,
y el mejor ejemplo para aprender desde chiquito
que en los árboles no crece el dinero.

¡Ay papito lindo y querido!
¡Qué daría yo por tenerte de frente
y confesarte cuánto te quiero!

Si la dicha tienes de aun tener a tu viejo,
por favor, valora lo que quizás ahora ignoras.
Si tiempo atrás con él erraste
corre como una cerveza y una disculpa ahora,
y si él fue el que se equivocó contigo
te imploro que entierres el resentimiento,
saques un perdón de tu bolsillo
y resuelvas el asunto sin demora.
Por favor, haz caso a este loco poeta
porque ese error me persigue
y mi alma llora y llora,
y en vida haz lo que tengas que hacer
para que los demonios de tu conciencia
no te atormenten también a ti,
cuando te llegue la última hora.

SI LA VIDA...

Si las fuerzas te abandonaron, descansa,
pero mientras lo haces,
no le pongas zancadillas a los demás.
Si la vida ya no te apasiona,
es porque caminas por el sendero equivocado.
Si el sol ya no calienta tu alma,
es porque vives bajo la sombra
de algo que lo impide.
Si no tienes hambre, no comas,
pero deja comer a los demás.
Si te sobra, comparte, pero si te falta,
trabaja duro hasta que puedas compartir
cuando consigas que te sobre.
Si las malas hierbas inundaron tu jardín,
es porque dejaste de cuidar la tierra.
Si la vida te hizo pasar hambre,
es para que conocieras el valor que para el pobre,
tiene un mísero trozo pan.
Si perdiste el rumbo,
comprueba bien la ruta que tomaste
antes de culpar a la brújula.
Si dios te hizo pequeño y frágil,
fue para que despertaras dentro de ti
al gigante que todos llevamos dentro.
Y si la venganza fue tu objetivo,
no te enojes cuando el karma llame a tu puerta.
En definitiva, amigos míos,
si la vida ya no te llena,
deberías mirar con qué estás llenando tu vaso.

DÉJALA EN PAZ

Amigo mío, déjala ir, déjala en paz. Te dije mil veces que se marcharía si no comenzabas a prestarle la atención que ella se merecía. ¿O qué creías? ¿Que iba a estar siempre ahí detrás de tu alargada sombra como si fuera cero a tu izquierda? No amigo mío, no. Ella se hartó de ser la medicina que usabas para bajar tu fiebre del sábado noche, cada vez que necesitabas darle de comer a tu virilidad con una buena ración de sexo, mientras se escapaba de tu boca un embuste en forma de "*te quiero*".

Sabes de sobra que ella merecía mucho más de lo que tus ojos bonitos y cuerpo atlético eran capaces de darle. Pero no te importó y jugaste con eso, y le hiciste promesas que obvio sabías que no cumplirías nunca. Aprovechaste cada gramo de inocencia que ella te demostró día tras día para hacerle daño. Esa pobre niña, con su actitud, solo intentaba demostrarte que era más que digna de ser algo más que el polvo que tenías garantizado los sábados por la noche. Y ahora que ella no está, lo lamentas y mucho.

Ella se hartó de tus juegos y de tu enorme ombligo. Se cansó de arrastrarse por el suelo para intentar conquistar a un hombre que, viendo la forma en cómo la habías tratado, nunca le llegaría ni a la suela de sus zapatos. Así que déjala ir y déjala en paz, trágate tu orgullo de machito y admite que no estuviste a su altura. Porque ella vale demasiado, porque ella es especial... porque tú hermosa mía que estás leyendo esto, vales mucho más que cualquier musculoso y falso Don Juan.

143

SIETE VIDAS CONTIGO

Despliega las velas amor, que yo seré el viento,
agarra firme el timón que seré vigía atento.
Navega sin miedo entre huracanes
que seré tu bote salvavidas en mar turbulento.
Sabes de sobra que para entregarte mi vida
di mi expreso consentimiento
que es algo por lo cual,
jamás sentiré arrepentimiento.

Yo te di mi alma para ti en testamento.
Si quieres, en las noches de pesadilla,
de hadas te recitaré un cuento.
Prometo que en tiempos de hambre seré tu sustento
y me sentiré bendecido de ser siempre
el orgulloso predicador de tu talento.
Además, en los males y dolores,
me podrás tomar cada ocho horas
como un eficaz medicamento,
por no hablar de que, de hacerte daño,
obvio que siempre estaré exento.
En fin, que estoy condenado a perpetua
para ser esclavo de tu encantamiento.

Me gustaría ser gato para siete vidas estar contigo
y proteger valeroso tus pasos ante temibles enemigos.
Te juro que de tus hazañas
seré el impulsor y el primer testigo.
Te prometo que de tus caricias y besos
para nada me importa ser mendigo,
tu confesor, tu discípulo y leal amigo.
Así que no temas vida mía, porque de tus miedos
seré el juez, el verdugo y el castigo.

Tranquila niña mía, que seré azote de inseguridades
y el insobornable carcelero de tus calamidades.
Camina y no temas porque siempre estaré ahí
en tiempos de negrura y dificultades.
Sin juzgar te ayudaré a superar depresiones y ansiedades,
y multiplicaré por dos tus cualidades
para que, de alcanzar tus metas y sueños,
el doble sean tus posibilidades.
Seré tu firme muleta,
el antifaz que ocultará tus debilidades,
y el hombre que te amará
sin cláusulas de letra pequeña
para saciar hasta el último de tus días
todas y cada una de tus necesidades.

De ser tu preso amor siento orgullo profundo
y no dudes ni un segundo
que leal en escasez y miserias
siempre seré rotundo.
Porque siete vidas estaría contigo
y para hacerte feliz,
daría mil vueltas al mundo
sin pensarlo ni un solo segundo.

Eres afortunado si eres hombre enamorado,
ya que ahora buscar el amor
es tan frío como por la pantalla deslizar un dedo,
en unos tiempos en que los sentimientos del otro
por desgracia importan un bledo
y donde existe frente al compromiso,
del amor tener la obligación de ser esclavo y sumiso,
auténtico pavor y miedo.

LA NIETA PERFECTA

El sol se inspira en tus ojos
para saber cómo hay que brillar,
el levante y el poniente se pelean para ver
quién de los dos tiene el honor de mecer tu pelo,
las golondrinas se fijan en tu caminar
para mejorar su vuelo,
el azúcar te usa como receta para fabricar el caramelo,
tu cara es lo más hermoso
que puede esconder cualquier velo,
las flores se apartan de tu camino
cuando pisas el suelo,
y si fueras niña, serías la nieta perfecta
para cualquier abuelo.

¿Sabes qué? que las nubes aprendieron a desfilar
fijándose en ti desde el cielo,
que eres de la inspiración de cualquier poeta el anhelo,
el invierno te tiene miedo
porque tu sola presencia, querida mía.
es capaz de derretir el hielo.
No sé, no sé qué más quieres que te diga,
aparte de que fuiste el cebo que necesitaba
para volver a morder del amor el anzuelo,
y tener de nuevo a alguien a mi lado
a la que, durante el resto de mis días,
poderle decir *Amor mío... ¡Cuánto te quiero!*".

EN RÍO REVUELTO

A mi puerta una redención con alas llamó,
de ojos infinitos y pelo negro ella me corrigió,
y la llama de la esperanza prendió,
y su mano me ofreció, y la luz volvió,
y mi desgracia a sus pies se rindió.

Hola hermosa, dueña de mis mariposas.
Limpiaste mi basurero
para que oliera de nuevo rosas.
Ordenaste mi desastre
y como una experimentada sastre,
fuiste remendando mis vestiduras
para comenzar contigo una nueva aventura.
Gracias por la mano que me echaste.
Gracias por sacar de mi vida todo lastre.
Qué bueno que llegaste
para liberarme de mi locura.

Eres bendición porque lames mis heridas
y me curas de las serpientes y sus mordeduras.
Siempre me das el empujoncito que me falta
para superar esa difícil asignatura
llenando de colores mi negrura,
afilando mi espada y reparando su empuñadura.
Reconstruiste las murallas de mi fortaleza
rellenando con amor cada grieta y fisura,
a patadas echaste de mi lado a la tristeza,
¡Ay mi bella y amada princesa!
que me haces sentir como de la realeza.
Me dejaste un huequito libre

para poner los pies en tu suelo
y de una vez por todas sentar cabeza.
Gracias cariño por asesinar mis dudas
inundando mis días con seguridad y certezas.
Gracias amor mío porque ahora a tu lado
soy capaz de cualquier proeza.

Ahora nada es imposible y mi vida
huele a segunda oportunidad.
Eres la peor pesadilla para mis pesadillas
y un sueño hecho realidad.
Ya no soy solo defectos
porque gracias a tus palabras de aliento
recobre la fe en mi capacidad.
Porque ¿sabes qué? Que eres calidad y cantidad.
Eres mi defensa, mi muralla,
mi fiel aliada en el campo de batalla,
mi escudo, mi lanza, mi traje de cota de malla.
Gracias mi fiel y noble dama,
porque ya no me siento como un canalla.
Ahora solo me dejo llevar agarrando tu mano,
saboreando como nunca del viento,
o del sol, o de un paseo contigo por la playa.

No tuve más remedio que confiar en ti
y dejar que pescaras en mi río revuelto.
Me puse en tus manos para que fueras la abogada
que defendiera a mi pasado frente al arrepentimiento,
y ahora mi juez interior gracias a tu gran labor
de mis pecados me ha absuelto.
Siento que mi espíritu es más liviano y esbelto.
Siento que de las tinieblas he vuelto.

Tinta, limón, sal
y un shot de tequila

Porque mi alma pesa menos
luego de que quebraras mis cadenas.
Porque has hecho de mí un valiente marinero
que con sus propias manos caza ballenas.
Porque eres la abeja que me da la vida
para que nunca falte miel en mi colmena.
Porque lo que sientes por mi es mi mejor mecenas.
Porque tus ojos son dos lunas.
Porque entre tus brazos duermo como si fuesen cuna.
Porque yo siempre seré tuyo.
Porque tu siempre serás mi fortuna.
Porque me salvaste de los infiernos,
y de eso, no tengo ninguna duda alguna.

Gracias mi reina, gracias mi princesa
por nunca romper tus promesas,
porque el alma me tiembla cuando me besas,
porque los grises ahora son turquesas,
porque a tu lado los sueños son nuestra presa,
porque eres el pan que nunca falta
encima de mi mesa.
Gracias mi princesa, gracias amor mío
por calentar mi pecho helado y frío.
Gracias por llenar cada rincón
que antes estaba vacío.
Gracias por sembrar las semillas
en mi terreno árido y baldío.
Gracias por silenciar mi mente de todo griterío.
Gracias por reflotar mi navío.
Gracias por iluminar lo sombrío.
Gracias, gracias, gracias...
Gracias por todo amor mío.

EL PEREGRINO

Hacerte el amor, eso sí que es un viaje.
Empiezo con calma, sin prisa,
y le quito a tu cuerpo todo lo que le sobra
para verte como diosito te trajo al mundo.
Frente a mi ahora tengo libre el camino,
comenzaré como a ti te gusta,
y hago de mi lengua un peregrino.
Tu boca es el primer destino,
y desde su mirador contemplo unos ojos
que me piden a gritos que siga con mi camino.

Camino despacito por el sendero de tu cuello,
mientras tomo fotos de tus bellos de punta.
Que bonito suena el viento
cuando se te escapa el primer suspiro.
Es hora de seguir con el camino.
Mi peregrino aventurero,
recorre las montañas
que se alzan en el valle de tu pecho,
y hago cumbre en ambas, una y otra vez.
¿Quieres más?... y yo también.

Entonces sigo hasta llegar a un bello lago
que tiene forma de ombligo,
y mi peregrino se baña en sus aguas cristalinas,
y descanso allí un pocoquillo...
antes de reemprender mi marcha
hacia un hermoso puerto llamado vagina.
Al sur, cruzando el meridiano de cesárea,
de donde cuentan las leyendas
que salen niños que se convierten en gigantes.

El peregrino llega al destino
y recorre la calle principal
de ese puerto marinero
que huele a sal y a mar,
para explorar sus rincones,
disfrutar de su calidez,
de su calor,
y de esa humedad tan típica
por aquellos lares.
¡Qué me gusta viajarte!
¡Qué me gusta caminarte!
¡Qué me gusta recorrerte!
¡Qué me gusta tu cuerpo,
que hecho camino,
es la más bella obra de arte!

AQUEL VERANO

No es que no pueda, que sí que puedo,
la cosa es que no quiero,
olvidar que tu fuiste mi barco
y yo tu pasajero,
en una travesía que duró un verano,
ese en el que fuiste mi todo,
ese en el que me dejaste marcado.

Se separaron nuestros caminos
cuando terminó aquel verano.
Dolió, y mucho, porque para nuestra despedida
era demasiado temprano.
Yo por miedo y tú por trabajo.
El caso es que te fuiste
y no fui capaz de seguirte
para subir al mismo aeroplano.
Y soy consciente de que en la distancia nos pensamos,
y que en las noches sin tocarnos nos desnudamos.
Tuve miedo y te perdí.
Qué error aquel cuando solté tu mano.

Qué hermosos fueron esos tres meses
donde la cama era nuestro templo
y nosotros sus devotos feligreses.
Playa, paseos y tinto de verano,
besos, miradas, de fresa y nata eran los helados.
Porque dolió, dolió demasiado
dejar atrás aquel primer beso
que a regañadientes,
hemos convertido en un recuerdo lejano.

Dolió lo que pudo ser y no fue
pero éramos jóvenes con diferentes sueños.
Tú de interior y nieve y yo, de sol y costeño.
Tú de escapadas de fin de semana
y yo, quizás demasiado hogareño,
y mira que en las noches le pusimos empeño,
pero no fue suficiente.
Tú siempre serás de ciudad
y yo, de un pueblito de pescadores,
siempre seré un lugareño.

Fue bonito mientras duró la aventura.
Yo te enseñé a amar de verdad
y tú a mí a querer con locura.
Y veinte años después,
tú tienes a tu hermosa familia
y yo a otra que está a la misma altura.
Aquel verano nos cambió
y poco a poco duele menos la ruptura.

Ahora no nos amamos pero nos queremos
y buenos amigos somos en la distancia,
y recordamos con cariño aquel verano
cuando, entre las sábanas, siempre íbamos al grano.
Gracias por este recuerdo tan bacano.
Gracias por ser la amiga que me recuerda
que el dolor que los dos sentimos con aquel adiós,
mereció la pena y nunca fue en vano.

FRUTA DE TEMPORADA

Porque sí, porque te mereces ser feliz siempre
y no solo algunas veces.
Deja de ser la que siempre dice que SÍ
y aprende a actuar según tus intereses,
y no hagas caso de esos que cazan en antros
que te señalan y miran de reojo
juzgando tu valía como si ellos fueran los jueces.
¡Venga ya! ¡Que no!
¡Que ya no estás para estupideces!

Deja de ser para ese falso galán
la fruta de temporada,
hazlo sufrir como él a ti,
dejándolo con la miel en los labios,
dejándolo con la verga parada,
y que ahora sea él quien busque consuelo,
caliente como el palo de un churrero,
abrazadito más solo que la una a la almohada.

No consientas que te usen para pescar
cuando te utilizan como un anzuelo.
Por favor, no te arrastres más
detrás de un gilipollas muerta de celos.
¿Has probado alguna vez a ser tú el anhelo?
¿A mirar menos al suelo y un poco más al cielo?
¿A pintar líneas rojas y ser menos amor
y un poco más como el hielo?
¿Has probado actualizar tu código fuente
y ser una versión dos punto cero?

Creo que viene siendo buena hora
para que cabes una tumba sin demora
y entierres bien hondo en ese profundo agujero
esa piedra tan pesada de los *"no puedo"* y *"no debo"*.
Conviértete en la loba que caza
y deja atrás lo de ser un cordero.
Y mecachis en la mar, brilla,
brilla como ese diamante
que todas las mujeres
merecerían tener en el interior de su joyero.

TIBURONES Y SIRENAS

Me imagino que ya lo sabes,
que vivir no es una balsa de aceite
donde todo es calma, disfrute y deleite,
donde darlo todo no es garantía de nada
y puede que no sea suficiente.
Me imagino que ya sabes que para comerse
la parte más sabrosa del pastel
hay que arriesgar incluso
de manera temeraria e inconsciente.
Porque me imagino que ya lo sabes...
que el mundo es para los valientes.

Pero a pesar de que para llevar tu barco a buen puerto
en ocasiones tengas que jugarte la vida,
teniendo que atravesar furiosas tormentas
casi de forma suicida,
te puedo asegurar que surcar por los mares del vivir,
sin saber si bueno o malo será tu porvenir,
siempre merecerá la pena,
aunque a veces pesen las cadenas,
aunque a veces tengas que lidiar
con personas que no son buenas,
aunque a veces, en este hermoso mar que es la vida,
haya más tiburones que hermosas sirenas.

ERROR DE PENDEJOS

No eres una niña y para hacer lo que quieras
no necesitas pedir permiso.
Ya libraste las suficientes batallas
como para que,
de las palabras de la gente que pesa y lastra,
te las pases por el forro y hagas caso omiso.
Y esto no es un consejo, es un aviso.
Así que no escuches al hipócrita
que quiere moldear tu vida
cuando esa persona vivió la suya como quiso.

Miren, no confundan pedir permiso con pedir consejo.
Puede que lo que quieras hacer sea una locura
pero no hacerlo porque alguien te lo prohibió
sería un error de pendejos.
Además, eso te llevaría a que llegado un día
a otra persona reflejada sería la que verías
cuando te vieras frente al espejo.

Por eso vive como quieras
y equivócate todas las veces que hagan falta,
que si las cosas que persigues
no llegan a la de una, a la de dos o a la de tres,
que nadie te corte las alas,
porque a lo mejor lo consigues a la cuarta.

DOCE MESES PARA AMARTE

Cada año que te dedico comienza en enero.
Empiezo sacando punta a mi lápiz
y te escribo poemas con pasión y esmero,
y todos son para que no olvides cuanto te quiero.

Ya está aquí febrero.
Hora es de colmar de flores el florero
para que sepas que mil veces más
te daría el "*sí quiero*".

Marzo ya llegó.
A ver qué cosa nueva me invento
para demostrar mi amor.
¡Ay ya sé! Iré a la plaza del pueblo
y gritaré "*te amo*" con un sonoro clamor.

La primavera la sangre altera.
Bienvenido es el mes de abril.
¡Ay amor mío! Gracias por guiarme con tus ojos
que siempre son mi candil.

Calorcito, sol y playa
es lo que trae bajo el brazo mayo,
el mes que te conocí.
¡Cómo olvidar la primera vez que te vi
y casi me caigo al suelo de un desmayo!

Junio y su tinto de verano.
A ver, no me voy a andar por las ramas,
te quiero, te quiero y te quiero,
ya sabes que me gusta ir al grano,
¡Ay, que rico se siente todo cuando estoy a tu lado!

Y casi sin darme cuenta julio ya está aquí.
Qué misterio el de tus ojos,
que después de tantos años
aún consigues que mi corazón palpite
con locura y frenesí.
No me preguntes si aún te amo.
Sabes de sobra que sí, que sí y que sí.

¿Cuál viene ahora? Ah sí, agosto.
¿Te he dicho alguna vez que para defenderte
lucharía contra dragones
y recorrería caminos peligrosos y angostos?
Me imagino que a estas alturas
ya sabes que por ti haría cualquier cosa
sin importar el costo.

Vamos a por el siguiente.
Es el turno de septiembre.
Toma para ti el calor de mi lumbre.
También rellené la nevera
con seguridad y certidumbre.
Y por cierto, las rosas de encima de la mesa
cuídalas bien porque esas flores
te las traje de la más alta cumbre.

¿Octubre ya está aquí?
Madre mía, que rápido pasó el verano.
Creo que te voy a cantar una balada de amor.
Por favor amor mío,
¿me podrías acompañar al piano?
No quiero romper la promesa que hice
en la que te prometí que la magia y la pasión
en tu vida sería lo cotidiano.

Ni frío ni calor.
Que mes más caprichoso el de noviembre.
Qué poquito queda ya para el turrón,
los villancicos y comenzar a envolver los regalitos.
Mira, lo primero que te quiero infinito.
Tu cara, lo más bonito. ¿Qué más te puedo decir?
Bueno, que el color de tus ojos es mi favorito,
que tu amor es lo único que sacia mi apetito,
que besas lento y muy rico,
que me vuelven loco tus pies chiquitos,
¡Ay no sé!... te podría decir tantas cosas.
Bueno resumiendo, que si ti,
no quiero ir a ningún sitio.

Y ya estamos casi en el final de este año
que tuve el honor de vivir.
Diciembre es la antesala
de otro año que empezará
y que estoy impaciente por contigo compartir.
¡Vaya! Creo que me quedé en blanco de tanto amarte
y ahora no sé ni qué decir.
Bueno, mejor te lo escribo en un poema
porque ya sabes que lo mío es escribir.

Y gracias, mujeres bellas,
honradas y luchadoras,
porque sin ustedes
no tendría la inspiración
para que este poema pueda existir.

UN MAL SUEÑO

Esta noche me asusté por culpa de una pesadilla.
Soñé que tú no estabas y te juro que en mi alma
se fundieron todas las bombillas.
Menos mal que solo fue un sueño
porque... ¡Vaya susto que me llevé chiquilla!

Cuando en la mañana abrí los ojos
y vi que seguías a mi lado,
el suspiro de alivio que solté
creo que se escuchó en varios estados.
Y luego tomando café, tranquilo y ya aliviado,
de tu pelo mañanero y revuelto
disfruté completamente embobado.
¡Madre mía qué mal sueño tuve!
porque ya me hice a la idea de que sin ti
no podría ir a ningún lado.

No sé cuántas veces te he dicho que te quiero.
No sé si sabes lo dichoso que me siento
de compartir y ser tu compañero.
Estoy seguro de que crees que sientes lo mismo
pero amor mío... ni de lejos te acercas,
porque en ese ranking, yo siempre estaré el primero.

Yo te quiero igual
un sábado por la tarde en la playa
que un lunes temprano
a las seis de la mañana,
te quiero lo mismo cuando tenemos
para restaurantes de lujo
que cuando, para terminar el mes,
no nos alcanza la lana,
te quiero exactamente igual
en los días que cantas en la ducha
que en los que ni de mirarte al espejo tienes ganas.
En fin, que bueno que solo fue una pesadilla.
Por cierto...
¿Te he dicho alguna vez cuánto te quiero chiquilla?

ANTES DE TI

Antes de ti el camino perdí,
fueron días ausentes sin primaveras.
Antes de ti la decencia perdí,
mi alma ardía en la hoguera.
Antes de ti un calvario viví,
mi amiga era la botella.
Antes de ti ni era ni fui,
digno de ninguna doncella.
Hasta que un día de Enero
cuando mi alma casi muere
porque en mi cuerpo yo era forastero,
tu mano me tocó, y a la vida yo volví,
fuiste el trampolín para salir del agujero.

Tu eres la miel, yo soy tu colmena.
El día que llegaste fue una verbena.
Lo hiciste justo a tiempo y rompiste las cadenas
y a mi pena le cortaste las putas venas.
Tus ojos un candil, tu entrepierna mi condena.
Ahora los días merecen la pena.
Mi diosa, mi todo, mi luna llena.
Mis huevos vacíos pero mi alma siempre llena.
Tus labios de arriba son el mojito.
Tus labios de abajo son la yerba buena.
Gracias mi niña, gracias mi nena.
Mis aguas contigo mucho más serenas

Ven aquí y acércate ¿Lo puedes oír?
Escuchalo latir, porque es mi corazón
lo que de nuevo suena.
Ven aquí y acércate ¿Las puedes oír?
Las alas de mi alma, porque soy yo...
el que de nuevo vuela.

CICATRICES Y PERDICES

Hay personas que ven la vida como un vaso,
que algunos lo ven medio lleno
y otros lo ven medio vacío.
Yo la veo como una copa de vino,
que se sirve a temperatura ambiente,
que no esté ni muy frío ni muy caliente,
y dejo que su sabor me sorprenda
con los mil matices de su libre albedrío.

La vida es como el columpio del parque
donde dos niños se balancean,
en el que unas veces están arriba
y otras lo están abajo.
Y será normal que estando arriba
estén felices y con mejor perspectiva,
como también lo será que estando abajo
el niño tenga la cara de un carajo.
Solo se divierten y ven normales los altibajos.

La vida es un show donde somos el funambulista
que camina por la cuerda floja,
donde el equilibrio es lo más importante,
y para no caernos durante el espectáculo,
deberemos recorrerla sin pasarnos de listos
pero tampoco de ignorantes,
tomarla a veces con un poquillo de sal
pero obvio que sin pasarte,
y otras con azúcar pero con cuidadito,
con cuidadito de no empalagarte.

Aún recuerdo mi juventud y lozanía
cuando me tomaba las cosas demasiado a pecho,
y no medía penas y alegrías en su justa medida.
Con las cosas malas no podía pensar en otra cosa
que no fuera en el daño y en cómo escocía la herida,
y con las cosas buenas, pues oye, era fácil olvidar
que los buenos vientos no soplarían siempre,
y que tenía que estar listo para la siguiente caída.

Es importante aprender temprano
que entre los blancos y negros
están los tonos grises,
que no existe nada absoluto
y que todo está lleno de matices,
que hay buenas cosas en las cicatrices,
que no debemos hundirnos demasiado
cuando en nuestro cuento no seamos felices
porque no nos alcance para comprar perdices.
Pero más importante que todo lo anterior,
es que no debemos bajar la guardia
cuando la dicha bendiga nuestra vida,
ya que en cualquier momento lo malo
puede volver para meternos por detrás un falo,
y jodernos la vida tocándonos las narices.

DETRÁS

Detrás de cada traspiés y tropiezo
se esconde un buen motivo para seguir,
detrás de cada desamor
hay otro amor por descubrir,
detrás de cada noche sin dormir
hay un mañana repleto de remedios
para el insomnio combatir,
detrás de cada latido del corazón
hay una nueva oportunidad por descubrir,
detrás de cada paso, hay otro paso
que no sabes dónde te llevará,
detrás de cada miedo futuro
hay una desgracia que nunca sucederá,
detrás de cada otoño marchito
habrá una bella primavera que de nuevo
en tu jardín florecerá.

¡Ay qué sería de la noria de la vida
sin el arriba o el abajo!
¿Cómo diferenciar la tristeza de la alegría
si no tienes altibajos?
¿Cómo vas a disfrutar del camino de la vida
si siempre andas buscando atajos?
Mira, pase lo que pase,
niégate a andar cabizbajo,
disfruta de lo bueno,
aprende de lo malo
y decide a donde vas a mandar
a los que no te quieren...
si a la mierda o al carajo.

LA REINA

Todas las mujeres tienen unos límites,
incluso las madres más fuertes y luchadoras.
Ellas también tienen el derecho
de parar de vez en cuando a respirar y sanar
llegada una hora.
Respeta a tu madre en esos días
donde la fuerza la abandona.

Ellas, las madres,
aunque aparenten ser de acero
también tienen sus malas rachas
como cualquier persona,
días donde no tienen ganitas de nada
y no están para bromas,
días donde lo que necesitan
es ser la niña consentida
y dejar a un lado la presión
de ser siempre la patrona.

Si, por favor, respeta a esa reina
que siempre será tu madre
cuando sientas que flaquea
ayudándola a cargar
con el enorme peso de su corona.

CUIDADO, QUE VIENE EL COCO

El *"no"* siempre tendrás, dice el refranero popular.
Otras quizás no pero esta frase hecha,
sí que tiene mucho de verdad.
Todo lo incierto nos da miedo,
y cuando decimos *"si meto la mano en ese agujero..."*
siempre nos preguntamos lo mismo.
"¿Encontraré miel o habrá algo que me corte un dedo?"

Preferimos quedarnos con la duda
y no perturbar nuestra tranquilidad
antes que dar un paso valiente y decir...
"¿Y si detrás de esa duda
encuentro un SI en vez de un NO
que colme mi vida con más felicidad?"

El tiempo ni se para ni vuelve,
y las oportunidades tampoco,
pero la incertidumbre nos detiene,
no vaya a ser que detrás de ella
nos esté esperando el coco.

Los caminos sin un destino claro
siempre se nos van a presentar
y entre prudencia y cobardía,
debemos aprender a diferenciar.

Y si te lanzaste al vacío en busca de un SI
porque el NO ya lo tenías,
y resulta que detrás de esa duda
encontraste penas y no alegría,
no te machaques sin piedad en tu día a día,
que siempre será mejor vivir con la enseñanza
que nos brinda el habernos equivocado,
que llegar a viejitos con el peso
de una pregunta en nuestra espalda...
"¿Y si lo hubiera hecho? ¿Qué hubiera pasado?"

LA MÁS LARGA

A veces el silencio puede ser el arma más poderosa contra el soberbio, el ignorante y el narcisista. La seguridad en uno mismo y la convicción absoluta de que callar ante insultos, improperios o provocaciones, no es una derrota, es una estrategia infalible para romper los esquemas de esa persona que te ataca con el único propósito de tener razón.

Nunca tendrá sentido la guerra y mucho menos, cuando la batalla que se presenta por delante es por la defensa del ego. Tener la capacidad de mantener el silencio, la calma, dar media vuelta y evitar un enfrentamiento que lo único que hará es robar tu paz y tu tiempo, es digno del más ilustre pensador o filósofo de la antigua Grecia.

Si es tu caso, enhorabuena, porque no todo el mundo tiene la dicha de saber que la mejor manera de no perder una batalla absurda, es no iniciando una guerra donde lo único que está en juego es ver, quien la tiene más larga.

EL TRIPLE FILTRO

Hace algún tiempo fui a tomar un café con un amigo mío y me ocurrió una cosa que quería compartir con ustedes. En medio de la conversación, mi amigo me dijo *"Oye... ¿Sabes lo que esta persona está diciendo sobre ti?"*.

Obviamente mi respuesta fue que no. Y mi amigo al oírme procedió a decírmelo. Pero justo antes de que comenzara a hacerlo, recordé al gran Sócrates y su triple filtro, y lo interrumpí para aplicar dicho método. El triple filtro consta de tres preguntas fundamentales, y empecé con la primera:

"¿Sabes si lo que dice esa persona es cierto?" Mi amigo me miró incrédulo y contestó *"Pues no... no lo sé"*. Acto siguiente hice la segunda pregunta *"¿Es algo bueno lo que esa persona dice sobre mí?"*. Mi amigo elevó el entrecejo y contestó *"No, la verdad es que no lo es?"*. Y concluí el triple filtro con la tercera pregunta *"¿Sabes si eso que dice es útil para mí?"*. Y mi amigo contestó *"Pues no... definitivamente no"*.

Y una vez concluido mi interrogatorio, mi amigo me preguntó *"Pero entonces ¿Quieres saberlo o no?"* A lo que yo contesté. *"Mira amigo mío, si lo que me vas a decir no sabes si es verdad, no es algo bueno y además, tampoco será de utilidad alguna, creo que mejor no lo quiero escuchar"*.

Oigan, me considero un hombre culto y jamás me gustó la expresión de *"la ignorancia es felicidad"* pero debo confesar que en algunas excepciones, no podría estar más de acuerdo con ella.

EL ESTANDARTE

Me gusta pasear por el museo de la vida
y contemplar su arte,
sobre todo la obra que está hecha de curvas,
y que tiene una vagina por estandarte.

Os prometo que podría pasar mil vidas
admirando esas esculturas que son creación divina.
Algunas de ellas transmiten paz,
otras te aceleran el pulso como pura adrenalina,
las hay que viven en lujosos castillos
mientras que otras las puedes encontrar
escondidas bajo farolas y esquinas.

Unas visten de Gucci y otras limpian letrinas,
también están entre papeles y oficinas,
bajo el sol hallarás a las campesinas,
algunas tienen buenos sueldos,
algunas que viven solo de propinas,
las hay que son fuego
y otras que son puro viento glacial.
Las hay de todo tipo,
pero cada una de ellas alberga algo
que la hace única y especial.

El artista que luego fue el primer profeta,
quiso plasmar en un lienzo redondo y azul
una obra que diera vida, persiguiera sueños,
y por eso con máximo esfuerzo y desempeño
dibujó a las mujeres en el planeta.

"*Quiero que vuelen*" dijo el artista,
y le pintó con todo lujo de detalles dos alas.
"*Quiero que sean fuertes*" y dotó a esa figura
con un escudo capaz de repeler las balas.
"*Quiero que sean inteligentes*" y plasmó en el lienzo
un ingenio tan afilado como el borde de las katanas.
"*Quiero que sean imprescindibles*" y trazó a la perfección
un vientre fecundo para que, de una nueva obra,
siempre fueran la antesala.

Qué me gusta pasear por el museo de la vida
y contemplar su arte,
y mirar y mirar sin parar por todas partes
cómo se mueven por el lienzo,
las que, orgullosas y únicas,
portan una vagina como estandarte.

MUJERES CASINO

Vi el brillo de tus ojos a lo lejos.
Me sentí tentado, no lo pude evitar
e ilusionado entré en tu casino.
No hice caso de la gente que me advirtió
de que allí hacían trampas,
de que era un lugar peligroso y clandestino.
Vicio, lujuria y derroche en su interior había.
Me prometiste "*juega... juega...*"
"*...que de entrar con menos y salir con más,
siempre tendrás mi garantía...*"
Cambié mi tiempo por fichas para jugar
y en la ruleta lo aposté todo al verde tus ojos,
pero salió el negro de tu pelo.
Quise salir de allí pero tus caderas
ya habían echado el cerrojo.

Me calenté y ahora quería más.
Pasé por caja y gasté todos mis abrazos
en más fichas para jugar,
y fui a la mesa para probar suerte
con tus cartas al black jack.
Y mano tras mano, me fuiste dejando sin abrazos.
Esas cartas estaban trucadas.
Otra vez me habías dejado sin nada.
Jamás imaginé que pudieras ser tan malvada.
Miré hacia atrás para escapar
pero la puerta seguía cerrada.
No me dejaron salir.
Me lo impidieron tus mentiras
y el guardián de tu entrepierna de cara rasurada.

Había caído en la red de tu corpiño,
en la belleza de tu trasero terso, prieto y lampiño.
Te aprovechaste de mi como de un inocente niño.
Te hiciste hueco en mis perversiones
para convertirte en mi peor vicio,
y me volviste a mentir cuando me prometías
"sigue... sigue jugando...", que si inviertes en mí,
para siempre tendrás mi cuerpo como beneficio.

Amor, ternura, caricias, sueños,
todo eso vendí para jugar al que fue tu último juego,
ya que sin darme cuenta,
no se como acabé en una mano de poker
borracho y completamente ciego.
Era un pelele en tus manos, y no lo niego.

La partida fue corta
porque todo en aquella mesa
eran mentiras y faroles.
Me engañaste de nuevo.
¡Tú eras la que tenía el As de corazones!
Y fue así cómo por fin descubrí
que si no lograba escapar de allí,
siempre serías tú la que impondrías las condiciones.

Me dejaste desahuciado y sin blanca
y tuve que andar listo para escapar de allí
y no caer de nuevo en tu trampa.
Ya hace tiempo que me curé de tu adicción.
Superé la abstinencia hacia tus piernas
y pasar de largo frente a ti ahora es mi decisión,
y me compadezco de esos pobres infelices
que no pueden vencer la tentación,
y que sucumben a tus ojos, a tus mentiras,
y al color de tus uñas postizas
que brillan en la noche como luces de neón.

MURIENDO DE AMOR

Si mi amor por ti fueran años de vida,
estaría condenado a ver como se extingue el universo.
Creo que ya te lo he dicho,
aunque no sé si fui lo suficientemente claro.
Quererte tanto no es ni sano ni bueno para mi,
ya que tan solo imaginar perderte
es una horrible sensación que se siente
como si en el corazón me pegaran un disparo.

No te imaginas lo que es vivir en un mundo
donde las palabras que podrían describir lo que siento,
aún no se han inventado.
No te puedes hacer una idea
el infierno que tengo que soportar
cuando intento en vano,
hacerte entender la influencia que tienes
cuando simplemente me rozas con la mano.

No, no lo sabes, creí que podría explicarte
por qué no puedo dejar de amarte,
y busco y busco la manera de hacerlo
pero, joder, nunca llego a ninguna parte.
Pero no te preocupes, no intento que lo entiendas,
sería imposible y además injusto.
Tú tan solo sigue junto a mí,
que yo seguiré muriendo de amor
mientras cargo el peso de esta penitencia
con orgullo y con mucho gusto.

TORO BRAVO

A veces caminas acompañada
y de madrugada no necesitas para dormir
la segunda almohada.
Otras veces caminas sola
y por las mañanas te tienes que conformar
con el "*hola*" de tu perrito moviendo su cola.

En tu vida has conocido el cielo
pero también has estado en el infierno,
tu corazón sabe lo que es tomar el sol en la playa
pero también sabe lo frío y duro que son los inviernos,
has saltado de alegría y otras veces
la pena casi te mata,
sabes lo que es que no te falte de nada
pero también has sufrido muchos años sin plata.

En tu vida hubo de todo,
hubo tiempos tranquilos
y otros en los que para abrir camino,
necesitaste usar puños y codos.
Hubo hombres buenos que dejaste escapar
porque no les diste una oportunidad,
y luego tuviste amores platónicos
pero que resultaron ser una fachada bonita
que de ti solo se querían aprovechar,
y no me digas que eso no es irónico.

Las cosas te podrían haber ido mejor
pero también te podrían haber ido mucho peor.
Ya conoces el arriba y el abajo,
aprendiste temprano que las cosas
se consiguen con trabajo,
estás magullada y dolorida,
pero te mantienes en pie
a pesar de las embestidas
de un bravo toro que por nombre tiene "*vida*"
y que en el pasado te dejó jodida.

A veces caminas sola
y otras lo haces acompañada,
pero eso ya no te preocupa
porque sabes cuando ser guerrera
y cuando ser princesa de cuento de hadas,
ya que gracias a tu esfuerzo y tus manos,
ahora eres una persona que no necesita
que nadie le tenga que regalar nada.

QUE ME PARTA UN RAYO

"Donde comen dos, siempre comen tres"
y el amigo al que ayudé y di de comer,
me dejó sin mujer, sin casa
y cuando los agarré a los dos en la cama
casi me desmayo.
"A quien a buen árbol se arrima,
buena sombra le cobija"
Pues yo lo hice en medio de una tormenta
y os juro que me cayó un rayo.
"A quien madruga, Dios ayuda"
Pues oigan, curiosamente en los tiempos
donde más madrugué y me esforcé,
fueron la antesala de los años donde peor lo pasé.

La moraleja de esto,
pues que actuar bien y hacer lo correcto
no te garantiza que todo vaya a ser perfecto,
que caminar recto no te librará
de las trampas en el trayecto,
y que aunque regales amor y bondad
de la gente quizás puedas recibir lo opuesto.

Pero actuar bien y hacer lo correcto
si que te garantiza que cuando llegues a viejito
tu conciencia luzca una enorme sonrisa,
y eso será porque a lo largo de tu vida
dejar una profunda y hermosa huella
siempre fue tu premisa,
y porque además, fue el amor y lo justo
la moneda de cambio que decidiste usar como divisa.

184

PERROS, GATOS Y DRAGONES

Te voy a contar un cuento.
Erase una vez una vez una princesa
que se cansó de esperar a príncipes azules,
y se escapó del castillo con sus labios pintados,
su falda y sus tacones.
Ahora es madre soltera, tiene un gato,
dos perros y tres dragones.

Tiene una posada, un molino,
dos graneros y novios a montones,
y ella es la que elige si hoy se acuesta
con el caballero de ojos verdes,
azules o marrones.
Si quiere algo, ella es la que pone las condiciones,
así que ten cuidado porque tiene dos cojones,
ya que todo lo que atesora
lo consiguió a base de ostias y empujones.

Entonces, si lo que quieres es cortejarla,
no pierdas el tiempo regalándole flores,
mejor llévala a cenar a una posada que tenga vino,
papas aliñás y tortillas de camarones,
y si te invita a su humilde morada,
no te preocupes si se te olvidaron los condones,
porque ella siempre irá tres pasos por delante de ti
y seguro que en la mesita de noche
los tiene de todos los tamaños, sabores y colores.
Y así acaba el cuento de esta bella princesa,
que trabaja once meses, y el mes que sobra,
se va donde le sale del coño de vacaciones.

PASADO DE MODA

Este poema se lo dedico
a todos los que abonan el terreno
y cultivan una guerra sin sentido
entre hombre y mujeres.

Señoras y señores que siembran mentiras.
¿Querían una batalla entre sexos opuestos?
Pues bueno, ya la están teniendo,
me imagino que estarán contentos.
Disfruten de su victoria y disfruten del momento,
porque por vuestra culpa en este sentido,
ahora vivimos en tiempos turbulentos.

Pero oigan, no canten victoria,
por favor, aplaquen su euforia,
porque complementarnos fue,
es y será, entre hombre y mujeres,
asignatura troncal obligatoria
y ninguna política, subvención o mentira
podrá ganar en el pulso
al invencible brazo de la historia.

Ni los hombres son tan malos
ni las mujeres son tan perfectas,
y viceversa, y precisamente de eso se trata,
de complementarnos en una combinación perfecta.
Porque de lo que yo tengo, a ella le falta,
y de lo que a mí me falta, a ella le sobra,
por lo tanto, siento mucho deciros
que lo que pretenden está destinado a la zozobra.

186

Espero que entiendan mi indirecta,
porque os aseguro que el sentido común
siempre sabrá tomar la dirección correcta.

Así que ustedes sigan a lo suyo,
sigan con sus mentiras,
que yo seguiré aquí tranquilamente sentado
dándole a las mujeres mi mano,
viendo como la paz entre machos y hembras
vuelve a ser lo cotidiano.

Porque más temprano que tarde
a vuestro anhelo por dividirnos
le terminará llegando su hora.
Porque sí, porque es inevitable
que esta gilipollez termine pasando de moda.
Y sí, digo esto bien alto, a la cara,
y a quién no le guste mi mensaje,
pues oye, que se joda.
.

LA PANADERA

¿Sabes qué pasa cuando la gente
que no sabe cómo se hace un buen pan
te ve amasando la masa?

Pues algunos pensarán que pierdes el tiempo,
porque podrías comprar el pan ya hecho.
Otros dirán que el esfuerzo no merece la pena,
que lo importante es tener el pan pronto
y rápido tener la barriga llena.
Y hay quien afirmará que hacer un buen pan artesanal
seguramente más caro te saldrá al final,
independientemente de si usas centeno, trigo o avena.

Y es por ello que nunca ninguno de ellos
dejará de ser dependiente del sistema
ya que puede que algún día,
los que aprendieron temprano a hacer pan,
serán los únicos que se sonrían
cuando el mundo se vaya al carajo
y para todos no haya pan en las estanterías.
Y no te creas que lo que estoy diciendo
es ninguna tontería.

Aprender a hacer pan es una lección imprescindible
y no lo digo solo por el hecho de saber cómo se hace el pan,
sino más bien por el hecho de ser autosuficiente,
de ser libre, de ser independiente.
Y sí, en este verso, y como ya te habrás dado cuenta,
en ningún momento me estoy refiriendo
a cómo se hace el pan.

INTERESES DE DEMORA

La cuenta pendiente que yo tenía
con el demonio del pasado era cara,
y cada noche su cobrador oficial
me perseguía implacable para atizarme con la vara,
porque entre otras cosas,
tenía orden de su patrón de...
"si lo ves, dale el alto, apunta y dispara"

Era duro vivir escondiéndome
pero siempre tuve la esperanza
de que podría evitar rendir cuentas para siempre,
y al pago pendiente que tenía con el demonio del pasado
nunca hacer frente.
Pero siempre estuve equivocado,
ya que nunca imaginé que para saldar cuentas
su secuaz de cobro fuera tan persistente.

Así que cansado de huir
no hace mucho decidí
que quería vivir tranquilo
y por las calles pasear sin miedo,
y pagué hasta el último centavo
para deshacer ese maldito enredo.

Y sí, es cierto que me dejó sin blanca,
pero el pago mereció la pena
porque aprendí que no se puede ganar
en la ruleta de la vida y que la que gana
siempre es la banca.
Saldé lo que debía e hice las paces con mi pasado.
¿Y saben qué? Que la paz que me aporta
el haber saldado cuentas me encanta.

Ahora no espero a que las deudas
generen intereses de demora,
y como no quiero
que me vuelvan a embargar mi paz,
voy corriendo y siempre pago a mi hora.
Porque sí, porque ya me quedó claro
que tener una vida escondiéndose del pasado,
puede ser una existencia de lo más aterradora.

LA RESISTENCIA

Se avecinan tiempos turbulentos.
En el horizonte se atisba una figura negra
que da mucho miedo.
El caballero de la ignorancia avanza
y no dejará títere con cabeza en ningún terreno.
Uno a uno a los más jóvenes señala con el dedo
y borrará del mapa a cualquiera que ose
poner en duda su falso credo.
El sirviente de los que mandan
hace de la mentira su cruz, del reggetón su rezo,
una juventud sin género, confundida y sumisa
está en proceso.

"No tendrás nada y serás feliz..."
es la falacia que el caballero negro tiene por bandera.
Sus señores le han dado carta blanca
para atravesar implacable cualquier frontera.
Tiene órdenes de dejar a los novicios
vacíos de valores pero sobrados de borracheras,
y dejarlos sin blanca
robando cada centavo de independencia emocional
de sus carteras.

El caballero de la ignorancia
galopa raudo y veloz sin apenas resistencia.
Promete a quienes se unan a su propósito
fama, dinero y que sus nombres
detrás de un hashtag
serán tendencia.
Su grito de guerra es
"no miren dentro,
que lo que importa son las apariencias..."
y el legado que deja a su paso
es la idea de que tener montañas de dinero
es lo. único que marca la diferencia.
Se avecinan tiempos turbulentos.
Yo ya elegí mi bando.
Yo elegí, ser parte de la resistencia.

EL CENTRO DE TU OMBLIGO

Quise encontrar la paz regalando amor
y lo hice por cada rincón que pisé,
pero no la encontré.
Y os prometo que lo intenté todo
para sacar esa estaca de mi alma
y hallar quietud y calma en mis noches.
Fue entonces, justo en ese momento,
cuando me di cuenta del daño
que mi falta de madurez y exceso de ambición
habían provocado en algunas personas.
Me di cuenta de mi insolencia, de mi soberbia,
me di cuenta de mi error.
Pero vivir en el amor para hallar redención
no estaba siendo suficiente para apaciguar mis aguas.

Cambié de rumbo y aprendí a tender mi mano,
pero no fue suficiente,
cambié el interés por solidaridad,
pero no fue suficiente,
cambié la venganza por perdón,
pero no fue suficiente,
cambié mi espada por tinta y pluma,
pero no fue suficiente,
abrí las puertas de mi hogar a mis enemigos,
fui tirando miguitas de pan por el camino
para desahuciados y perdidos,
estuve al lado del asustado para decirle,
tranquilo, no estás solo, ahora yo estoy contigo,
pero no fue suficiente.
La paz escurridiza y esquiva jugaba conmigo.

Hasta que algo me confesó un buen amigo.
Me dijo, *"querido mío, si quieres la paz...*
deja de centrarte solamente en las pelusas que hay
en el centro de tu ombligo"
Y luego de una vida entera buscando redención,
la encontré en el lugar menos esperado,
cuando tuve el valor de dar ese temido paso
que hace años debí haber dado,
y admitir de una vez por todas que para hallarla
tan solo debía pedir perdón de corazón
y dejar mi puñetero orgullo a un lado.

UN DOLOR DE MUELAS

¿Cuántas veces te han dicho la suerte que tienes y has escuchado que todo lo que has conseguido es fruto de la fortuna? Si hiciste las cosas bien a lo largo de tu vida, me imagino que muchas. Y es que, por desgracia, la gente solo verá lo bonito, solo verá la cosecha, y nadie se fijará en los callos que te salieron en las manos a causa de las horas y horas en las que, trabajando como mula, estuviste labrando el huerto.

Suerte dicen... La gente solo ve la punta del iceberg que sobresale de las aguas heladas, pero nadie se fija en todo lo que hay bajo la superficie y que hace posible que sobresalgas sobre los demás para tener una vida exitosa y plena. La gente solo ve el diez por ciento de esa belleza que flota sobre el mar, ignorando el noventa por ciento que no es visible a la vista. La gente solo ve tu hermosa casa, tu linda familia, tu mes de vacaciones. La gente solo te ve brillar.

Dicen que es suerte, y eso te duele. Obvio que lo haga. Porque nadie sabe tan bien como tú que la suerte no te encuentra, que la suerte se busca. La suerte se encuentra levantándote antes de las seis de la mañana, la suerte se encuentra en caerte, en levantarte y en seguir, en perseverar, en creer en ti aunque nadie más lo haga, en decir que sí cuando en mundo entero dice que no, la suerte es perseverancia, esfuerzo y sacrificio. Eso, eso es la suerte.

Así que la gente que diga lo que quiera y no dejes que su falta de perspectiva sea algo que duela. Sigue flotando y sobresaliendo sobre el gélido mar y no permitas que su envidia, ignorancia o malicia, se convierta en un maldito dolor de muelas.

OSA MAYOR

Lo cierto es que ya se hace demasiado pesada, de veras lo pienso, esta frase cada más recurrente y repetida que dice *"...que deberíamos dejar un planeta mejor para nuestros hijos"*. Pero la verdad es que creo que debería ser al revés, y procurar dejar unos hijos mejores para nuestro planeta. Y no solo hablo de educar correctamente a los niños con los mensajes orales y gramaticales adecuados, sino que hay que ir mucho más allá. Porque con palabras se les puede explicar cual es el mejor camino, advertirlos, instruirlos, motivarlos, pero usar solo palabras no le garantizan a esos niños ni las ganas, ni la fuerza, ni la valentía necesaria para no detener su caminar ante la infinidad de contratiempos y desafíos que de seguro, se le presentarán a lo largo de sus vidas, por muy ciertas e inspiradoras que sean las palabras que se usen para dicho cometido.

A ver, hay padres mediocres que sólo hablan, padres buenos que además explican, y padres excelentes que incluso demuestran. Y luego, desde mi humilde parecer, están los mejores, los padres que, a la suma de todo lo anterior, también inspiran usando la herramienta más potente que existe, el ejemplo.

Porque, ¿De qué le sirve a un niño que se le fabrique el galeón más imponente de todos los mares, si a la hora de surcar la inmensidad de los océanos y sus desafíos, no tienen una Osa mayor en el cielo que brille más que las demás para guiar su rumbo? No seamos hipócritas cuando le explicamos a nuestros hijos cómo vencer al león si antes ellos no nos vieron a nosotros vencer a la fiera primero. En fin, hablamos menos y hagamos más, porque así la huella que dejemos sí que será para siempre.

197

UN BARCO QUE SE HUNDE

Vivimos en una cultura en la que tergiversar el significado de cualquier cosa es demasiado sencillo. Hoy en día, la injustamente defenestrada palabra egoísmo, se asocia al comportamiento negativo de un individuo cuando debe tomar una decisión en la que la premisa principal es tener como prioridad a su propia persona, anteponiendo sus necesidades a las de los demás.

Y puede que técnicamente sea así, si tomamos al pié de la letra la definición que podemos encontrar en el diccionario de lengua española sobre la palabra egoísmo, aunque eso no quita que dicha definición pueda estar sujeta a infinidad de matices e interpretaciones diferentes, dependiendo del contexto y de la situación.

Porque, por poner un ejemplo, no es justo, para nada, que te llamen egoísta cuando lo único que hiciste fue reclamar lo que era tuyo, o dejar a una persona en el camino porque ya no aportaba nada positivo a tu vida, o saltar de un barco que se hundía porque simplemente, fuiste el primero en darte cuenta de que aquella situación hacía aguas por todos lados.

Oigan, si alguna vez de manera injusta os llamaron egoísta, bien porque no sabían de la misa la mitad o bien porque simplemente os querían hacer daño, allá ellos. Lo que no puedes consentir es que esas interpretaciones ajenas, cuando defendías algo que para ti era legítimo, te hagan dudar de cómo actuaste y ello te provoque un sentimiento de culpabilidad.

Porque es importante, y mucho, que asimiles cuanto antes que muchas personas no sabrán diferenciar entre egoísmo y amor propio, y tú no tienes la culpa de que algunos, normalmente aquellos que de amor propio andan escasos, no vean más allá de sus narices.

Defiende lo tuyo con uñas y dientes, porque en la gran mayoría de ocasiones en la que las personas te tilden de egoísta, lo harán movidos por la envidia de ver a una persona que sí que fue capaz de trazar las líneas rojas que ellos no tuvieron el valor de tener para sus propias vidas.

LA ESCALERA

Lejos queda en el tiempo aquel fracasado que vivía dentro de los espejos. La gente se preguntará qué lograste en tu vida para que todo haya cambiado, cómo lo hiciste para llenar tu vida de satisfacción personal y dejar atrás aquella sombra lúgubre que te juzgaba desde cualquier reflejo.

Lo que la gente no imagina es que nada cambió fuera, lo conseguiste re-decorando todo lo que tenías dentro, pero sin comprar muebles nuevos, o una casa más grande, o un carro más lujoso. Lo conseguiste, aceptando.

Ya no te sientes fracasado porque te aceptas tal y como eres, aceptas que las cosas casi nunca serán como tú quieres, aceptas que la vida se puede torcer aunque hagas bien los deberes, aceptas que hay sueños que vuelan demasiado alto, aceptas tu imperfección, aceptas los errores.

Ya sabes que aceptarse no es resignarse, no es renunciar a nada, no es dejar de luchar, o de soñar, o de querer llegar más lejos que nadie. Aceptar es el punto de partida de un viaje interior que te llevará a lugares que no aparecen en las guías de viaje, que no están en las redes sociales y que no pueden ser fotografiados.

Aceptar es la primera piedra con la que el sabio construye la única escalera que te llevará a la excelencia, a la perfección espiritual, y al despertar más puro y real al que puede aspirar la humanidad.

ENTRE LA PAJA Y EL TRIGO

A cada año que pasa el orgullo que sientes
por haber elegido al hombre correcto,
sin duda va creciendo y en aumento.
No era el más guapo, ni el más alto
ni el dios griego que todas anhelan tener en la cama,
pero no le importó tener callos en las manos
para que a ti nunca te faltara de nada.

No tenía dinero pero era rico en ganas de trabajar,
no era licenciado pero era doctor de la vida
porque de chiquito para ayudar a la familia
tuvo que dejar de estudiar.
Qué bueno que elegiste bien
y te fijaste en lo importante,
y no caíste en las trampas
de los canta mañanas arrogantes,
ya que gracias a dios te decantaste,
por el que para tener un hogar feliz
y la nevera siempre llena, sin duda era un garante.

El hombre que amas huele a seis de la mañana y a sudor,
trabaja como mula para tener las cuentas al día
para que nadie lo pueda llamar deudor,
se esfuerza a diario haga frío,
llueva o haga un insoportable calor
y ahora te ríes de todas los que te decían
"amiga mía, te mereces algo mejor..."

Tienes al hombre perfecto
para construir algo que merezca la pena,
y la dicha de haber encontrado entre la paja y el trigo,
a la semilla macho que hará que tus cosechas
siempre sean abundantes y estén de enhorabuena.
Qué bueno que compartes tu vida con el hombre que,
al igual que lo hace el gentil mesero,
siempre estará atento para que a tu mojito
nunca le falte la yerbabuena.

LA VELETA

No, no me importa caminar cada día más solo.
Unos no pueden seguir mi ritmo,
a otros les da demasiado miedo
el camino que tomo,
pero tranquilo que lo entiendo,
y no le guardo rencor a nadie
y a todos los perdono.

Hipócrita, mentiroso y falso
elegí que no sería,
cargar con ese peso
fue solo decisión mía,
y no tengo el derecho de obligar a nadie
a sufrir esa cruz noche y día.

¿Quién soy yo para exigirle a la gente
un estilo de vida tan peligroso y exigente
como lo es vivir sin dobles caras
y hacerlo siempre de frente?
Además, no todo el mundo está preparado
para decir verdades que duelen mirando a la cara,
ya que para eso,
hay que estar muy seguro de uno mismo
y tener las cosas muy claras.

Yo cuando digo "*digo*", digo "*digo*",
y no cambio luego para decir "*trigo*",
no soy una veleta que se mueve
según el viento que sopla,
aunque eso me traiga más enemigos que amigos.
Pero es lo que hay, es lo que soy,
y no sé si ser así es una bendición o un castigo.
Aunque bueno, que me siga quien pueda
y que me acompañe quien quiera,
que mi mano nunca le va a faltar
al que luche junto a mí frente al enemigo,
que mi lealtad siempre tendrá el que,
en los tiempos arduos y fríos,
sea comida, agua y abrigo.

Gracias, suerte y sean felices.

Sígueme en Instagram, Facebook y Tiktok:

A DOS PASOS DEL CIELO

Pluto, siempre en mi corazón.
Gracias por todo amigo mío.

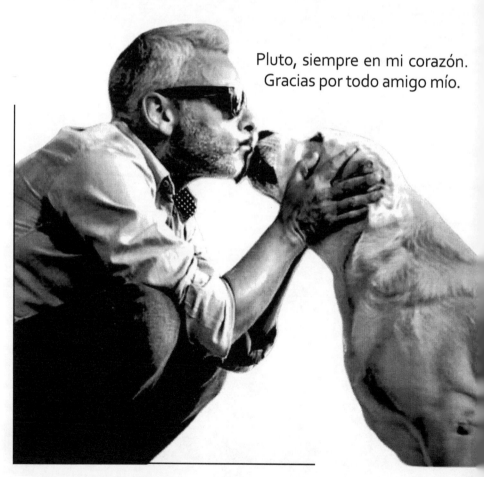

Este espacio en blanco es para ti, para un pensamiento, un poema, una reflexión, un dibujo, es para lo que quieras, incluso para dar tu opinión sobre esta obra. Cuando termines, te animo a que le saques una foto con el teléfono y la envíes a:

Por correo: marcosfernandez.escritor@gmail.com
Por whatsapp: +34 609 944 349
Por mensaje privado en mis redes sociales.

Y si me das tu nombre de usuario de Facebook o Instagram, junto con tu consentimiento, te menciono en mis historias con la foto que me envíes.

59717388R00123